LA TOUR

ET SON ŒUVRE

IL A ÉTÉ TIRÉ

DE

LA TOUR ET SON ŒUVRE

AU MUSÉE DE SAINT-QUENTIN

CINQ CENTS EXEMPLAIRES

uniquement

SUR PAPIER DE HOLLANDE DE VAN GELDER ZONEN

numérotés à la presse de 1 à 500 en chiffres arabes

Exemplaire N° OFFERT

LA TOUR
ET
SON OEUVRE
AU MUSÉE DE SAINT-QUENTIN

PAR

HENRY LAPAUZE

CONSERVATEUR-ADJOINT DU PALAIS DES BEAUX-ARTS DE LA VILLE DE PARIS

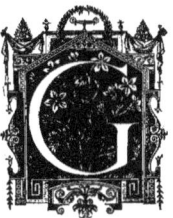

PARIS
GOUPIL & Cie, ÉDITEURS-IMPRIMEURS
MANZI, JOYANT & Cie, ÉDITEURS-IMPRIMEURS, SUCCESSEURS
24, BOULEVARD DES CAPUCINES
1905

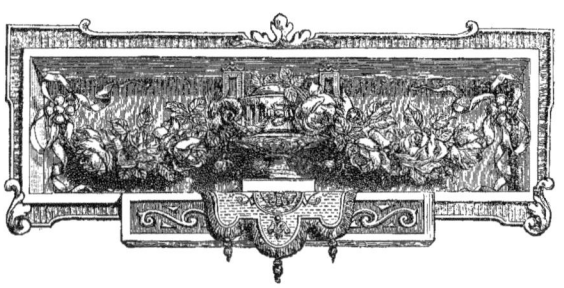

LA TOUR

AU MUSÉE DE SAINT-QUENTIN

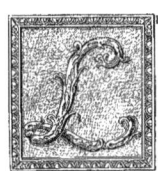e Musée de La Tour, à Saint-Quentin, est mieux qu'un musée. C'est une demeure. On y va visiter l'un des plus expressifs et charmants génies du xviiie siècle. Il vous reçoit chez lui, dans son tranquille hôtel de province. Il y est seul. Rien ne distrait de lui.

Quelle intimité dans les trois petites salles, dont un gardien plein de dévotion ouvre les volets avec ménagement, soucieux des morsures de la lumière. Le brave homme, — il s'appelle Anatole Camus, — aura désormais une ligne dans les monographies de La Tour. Son fanatisme, discret et respectueux comme il sied, se trahit même par son silence, à l'anxiété dont il suit l'impression sur le visiteur de ces portraits, pour lui vivants comme une famille illustre dont il serait le serviteur de confiance.

Une famille : c'est bien le mot, malgré la diversité des origines, des qualités et des visages.

Tout peintre d'une forte personnalité imprime une ressemblance à ses modèles. Il enfante à nouveau les êtres qu'il représente. Il les réunit par le lien de sa paternité d'artiste. Tous ont passé par lui avant de renaître à la vie immobile que leur donne son crayon ou son pinceau. Ils ont pris un peu de son âme.

Si cette âme est très conforme à l'esprit de son siècle, elle trouvera et notera sur chaque physionomie l'empreinte spéciale de son temps. Instinctivement elle s'attachera aux types qui portent de la façon la plus marquée ce trait général. Elle l'y soulignera encore. Et l'expression d'une époque jaillira de quelques figures, devenues symboliques tout en restant individuelles.

Est-ce le cas des pastels de La Tour?

Oui, et plus peut-être que de toute autre œuvre d'artiste. C'est ce qui explique à la fois ses succès et ses déchéances momentanées. De son vivant, il fut le peintre à la mode. Les plus grandes dames, les plus hautaines, attendaient son bon plaisir pour poser devant lui. La Tour les rudoyait, sans qu'elles se rebutassent de ses impertinences. Parfois il les laissait là pour crayonner un visage de grisette ou de petite danseuse, plus significatif, à son gré, de la sensualité malicieuse et pimpante, qui fut le penchant de son cœur et de son siècle.

Ce qui plaisait à ses contemporains plaisait également à son œil, à son crayon, à sa nature avide et fine, mettait le mieux en éveil son tempérament d'artiste. Ce fut le secret de l'engouement qu'il inspira, comme du sens profondément psychologique de son œuvre. C'est aussi le secret de certains échecs posthumes.

Lorsque, en 1812, les pastels dont Saint-Quentin s'enorgueillit furent mis en vente à l'hôtel Bullion, à Paris, les plus beaux n'atteignirent pas cent francs pièce. Un portrait de Jean-Jacques Rousseau ne trouva pas acquéreur à plus de trois francs. Les héritiers, découragés, renoncèrent. A ce dédain du public nous devons ce bonheur que la précieuse collection ne fut pas dispersée.

Mais comment ce peintre, si fameux cinquante ans auparavant, rencontrait-il tant d'indifférence?

C'est que 1812 ne pouvait avoir ni le goût ni la curiosité de ce qui enthousiasmait 1760. Dans sa crise de passion guerrière, dans son enivrement de victoires, le nouveau siècle ne se souciait pas des jolies coquettes qui, parmi leurs intrigues, avaient conduit l'ancienne monarchie aux pires désastres et la France à la Révolution. Un abîme séparait les deux mondes. Qu'était le sourire de la Camargo près d'un bulletin de Napoléon? On ne comprenait plus que la peinture militaire. Sous le dominateur qui aimait en soldat, pendant dix minutes, entre deux batailles, on flétrissait les vingt ans de règne d'une Pompadour et la complaisance d'un artiste qui flattait cette pâle et molle figure, fade et brouillonne incarnation des destinées de la France.

Il fallut parvenir à notre époque, si passionnée de psychologie, si ardente aux reconstitutions d'âmes, de races, de milieux, pour que La Tour recouvrât son prestige. Nul plus que lui ne peut nous satisfaire, parce que nul ne fut plus imprégné de son temps, ne vibra mieux en harmonie avec les frissons caractéristiques de l'âge où il vivait.

La Tour, c'est tout le xviii° siècle amoureux et mondain, avec le trait exagéré, conventionnel, par lequel une période psychologique se fixe en l'imagination de la postérité.

La vie sensuelle et légère, le grain de philosophie fataliste, la pédanterie souriante, la grâce divinisée, mais dans un culte facile, sans hauteur ni mystère, sont en lui, en lui seul. Et à tout cela, il ajoute le don suprême de la vie et de la vie individuelle. Sous sa poussière de crayon, il enferme des êtres frémissants, faits de chair véritable et d'émotion tressaillante, des hommes et des femmes, — des femmes surtout, — qui, même sous la palpitation de la grande âme ambiante, gardent leur façon personnelle de sentir, d'aimer. Chacun d'eux reste lui-même, vous hante d'un regard ou d'un pli de lèvre qui n'est qu'à lui; et pourtant sur cette bouche et dans ce regard flottent les rêves de toute une génération humaine, les sentiments de milliers de cœurs dont la cendre emplit les tombeaux.

Voilà ce qui est la merveille du génie de La Tour. Voilà ce qui étreint quand on pénètre dans les trois petites salles de l'hôtel Lécuyer, à Saint-Quentin, et que les yeux de ces portraits, les yeux chargés de tant de souvenirs, semblent se poser sur vous.

« Stupéfiant musée de la vie et de l'humanité d'une société, ont dit les de Goncourt. Quand vous y entrez, une singulière impression vous prend, et que nulle autre peinture du passé ne vous a donnée ailleurs : toutes ces têtes se tournent comme pour vous voir, tous ces yeux vous regardent, et il vous semble que vous venez de déranger dans ces salles, où toutes les bouches viennent de se taire, le xviii° siècle qui causait. »

Cette personnalité, et en même temps cette généralité dans la signification d'une œuvre, sont le propre du génie.

Il ne faut pas qu'un artiste ait une vision trop à part sous peine d'être inutile, privé d'influence comme de sanction. Que peut exprimer l'artiste s'il ne traduit ni sa race, ni son temps, ni aucun être que lui-même, et encore pour n'être guère compris que par lui-même?

Un La Tour, plus docile copiste de la nature qu'un Watteau, n'a ni sa fierté, ni sa mélancolie. On peut préférer le symbolisme nostalgique du *Grand Gilles* ou de l'*Embarquement pour Cythère*. Car ce symbolisme n'est pas un caprice morose de misanthrope. Il est largement et profondément humain. C'est pour cela qu'il émeut. Plus personnel en apparence dans sa volupté triste, plus prisonnier de son propre rêve, Watteau, en réalité, s'évade plus loin, plane à une plus grande hauteur. C'est que son rêve est éternel. Tandis que La Tour peint la passion telle qu'on la put éprouver en France pendant une trentaine d'années, Watteau fait sentir l'incertitude et la fragilité dont tremble le cœur des amants. Depuis le premier baiser échangé sur la terre, et jusque dans l'extrême folie de l'ivresse, en ont-ils jamais pu guérir?

Watteau est donc à la fois plus spécialisé en lui-même, par la force d'un sentiment dominateur, et plus expressif d'une idée générale. Mais l'idée est indécise autant que poignante. Elle perce toutes les âmes sans en éclairer aucune.

La précision de La Tour, au contraire, a une valeur de document. Nul ne peut étudier le xvIII^e siècle sans s'arrêter longuement devant ses pastels. Telle figure de bourgeoise ou d'actrice, de fermier général, de prince ou d'abbé, aperçue au Musée de Saint-Quentin, entraîne l'esprit dans une société à la fois récente et lointaine, la fait revivre, nous en donne l'impression, le geste et la voix.

C'est un singulier mirage, auquel n'atteint nulle autre œuvre du même temps : ni le libertinage trop littéraire de Fragonard, ni les beautés quasi mythologiques de Nattier, ni la naïveté savante et romanesque de Greuze.

Pour que, sur une centaine de physionomies, nous retrouvions toute une époque, n'a-t-il pas fallu un choix déterminé par l'instinct du peintre, ou encore l'ambiance d'une atmosphère identique où sa vision particulière les plaçait?

A bien regarder, les deux conditions se découvrent dans La Tour.

Certes il ne peut être question de choix dans ses portraits officiels. Ce n'est pas au Louvre, devant sa fameuse *Madame de Pompadour*, si composée de visage et d'accessoires, merveille d'art, qui représente la Favorite non telle qu'elle fut, mais telle qu'elle voulait être; ce n'est pas devant son *Maréchal de Saxe* adouci, ni parmi les figures trop masquées de hauteur du Roi, de la Reine, des princes, qu'on peut concevoir le fureteur de consciences, le guetteur de caractères que fut La Tour. Sa virtuosité merveilleuse, sa facture chaude, légère, animée, son souci du détail, le miracle de ses chairs où transparaissent le rose éclair du sang, la palpitation vivante des tissus, tout cela éclate dans ces pastels célèbres.

Mais, si vous voulez savoir ce qu'il cherchait au delà des traits extérieurs, ce qu'il surprenait dans la mobilité des physionomies, allez à Saint-Quentin.

C'est devant les ébauches, les préparations de ses portraits officiels, comme aussi devant les types d'inconnus qui séduisirent son crayon, et qu'il jeta tout vivants sur le papier dans un caprice d'investigation psychologique, que vous découvrirez combien il sut comprendre et interpréter l'âme de son temps.

Lui-même possédé de cette âme, — sensuel, raisonneur, malicieux et fin, avec toutes les nuances de sensualité, de raison, de malice et de finesse qui composèrent le caractère spécial de ses contemporains, — il se plaît à peindre ceux d'entre eux chez qui dominent ces tendances. Il les fait jaillir d'eux avec une intensité singulière. Au besoin il les prête à ceux de ses modèles qui ne les possèdent pas ou n'en sont doués que faiblement.

Car, chez La Tour, comme chez tant d'autres, la source de vérité devient parfois une source d'erreur. Sa force et sa sincérité d'expression, quand il traduit les sentiments qu'il conçoit le mieux, ceux qu'il rencontre le plus souvent, et qu'il veut voir partout, l'induisent à des déformations inconscientes quand il ne les retrouve plus. On admire la saisissante interprétation psychique de son crayon. Nulle admiration plus juste.

Mais reconnaissons que cette psychologie, si divinatrice qu'elle soit, manque d'universalité. Elle n'en est que plus concentrée, plus aiguë pour des traits de caractère particuliers qui, heureusement, furent les plus significatifs de son époque. Aussi nous ne croyons pas diminuer La Tour en affirmant que certaines âmes lui échappaient complètement. Jamais il ne pénétra celle de Rousseau. Ce qui faisait la vérité des courtisanes, des abbés et des danseuses, s'oppose précisément à une réalité quelque peu profonde dans la physionomie du philosophe genevois.

Nous l'apercevons ici souriant et bénin, avec ce joli retroussis des lèvres que La Tour prête à ses plus piquantes amoureuses. Les yeux ont une mélancolie presque tendre, venue d'un cœur à peine blessé, qu'une caresse va guérir. L'ajustement a de la netteté, presque de l'élégance. La perruque, bien poudrée, se gonfle gracieusement autour du visage en boucles légères.

Pour qui sait l'histoire de ce portrait, la prédilection où le tenait Rousseau, la satisfaction triomphante avec laquelle il l'opposait à la sombre et amère peinture, — trop véridique sans doute, — de Ramsay, nul doute qu'il n'y fût travesti en douceur, illuminé de bienveillance, de grâce austère, et gratuitement paré de ce sourire dont la franchise nous étonne.

Quels sont donc les traits principaux que La Tour a si bien marqués par ailleurs ?

C'est la joie, d'abord : une joie faite d'intelligence et de sensualité délicatement satisfaites. La Tour nous montre une humanité heureuse. Tous ses portraits sourient, mais la caractéristique, c'est que nulle banalité n'alourdit jamais une expression qui, plus que toute autre, risquerait de tourner à la fadeur. Chaque sourire a sa personnalité, son secret. Chacun intéresse diversement par des nuances de suavité, de raillerie tendre, de perspicacité ou d'épanouissement voluptueux, qui trahissent l'infinie variété des rêves intérieurs.

Mais pourquoi tous ces rêves sont-ils joyeux ?

C'est que La Tour créa son œuvre à une époque où l'on aimait la vie, où l'on savait en jouir, où la science de tous les plaisirs de l'esprit, du cœur et des sens fut la plus raffinée. Lui-même avait le succès, la fortune et l'amour. Il goûta ces biens, — du moins dans sa vigoureuse maturité, avant les défaillances et les énervements de la vieillesse, — de la façon un peu superficielle, sceptique et sage que pratiquaient ses contemporains.

Dans les hautes classes où il prit ses modèles, on se flattait d'insouciance. On n'affichait de ferveur que pour l'art et le plaisir. Point de passion, à peine une ombre de sentimentalité, juste ce qu'il en fallait pour alanguir de beaux yeux. Aucun de ces mouvements qui soulèvent et font refluer l'âme, creusant le regard en abîme et laissant au visage des pâleurs de grève dévastée.

Rien n'était pris au sérieux, pas même la guerre. On y allait comme au bal, avec autant de parure, de courtoisie et de gaieté. Les femmes suivaient, traînant après elles tout un arsenal de gourmandise et de coquetterie. Poudre, fard, postiches, mouches et falbalas, elles emportaient pour plaire autant de munitions que les hommes pour se battre.

L'ennemi n'inspirait pas de haine. Après Rosbach, nos officiers invités à la table de Frédéric II, lui formèrent une petite cour. Qu'importait la maladresse d'un Soubise, alors que l'esprit était souverain et que nous avions le plus d'esprit du monde? La France se consolait d'un échec militaire par une chanson, et l'apparition du tome VII de l'*Encyclopédie* nous rendait plus vainqueurs en Europe que notre vainqueur lui-même.

Telle fut la société que peignit La Tour. C'est bien elle qu'on voit à Saint-Quentin, toute en malice, en grâce, en galanterie railleuse, en volupté fine. La jeunesse des femmes y est piquante de provocation et de mutinerie; leur maturité, attendrie et savoureuse. Toutes ces délicieuses créatures, même les moins séduisantes, sont embellies d'amour. On les courtisait, on les adorait, ou du moins on en avait l'air. Cela ne tirait pas à conséquence. L'aimable liberté du temps autorisait le caprice, ôtait à l'infidélité toute idée tragique, bannissait le regret et le remords. Quand aucun scrupule n'empêche de se consoler, peut-il y avoir des larmes durables? Tous ces yeux fripons n'ont guère dû en verser.

Où donc serait la mélancolie si on ne la trouve pas au front passionné des amants, aux lèvres pensives des amoureuses? Sera-ce dans les regards pleins de souvenirs des vieillards?

Les vieillards de La Tour n'ont rien de chagrin sur la physionomie. C'est encore du sourire qui flotte aux plis des rides et dans l'indulgence de leur bouche fanée. De quoi eussent-ils conçu de l'amertume? A quelle époque fut-il moins pénible de vieillir? Ce charmant xviiie siècle, avec un nuage de poudre, effaça l'angoisse des déclins, rapprocha les fronts sexagénaires et les fronts de vingt ans. Les uns de neige, les autres en fleur, ils étaient également blancs.

Cette confusion des années ne fut pas seulement extérieure. L'esprit valait la grâce; on s'enrichissait du premier à mesure que disparaissait la seconde, et l'on régnait jusqu'à la fin. Un vieil homme, une vieille femme se voyaient aussi choyés que les jeunes, pour des raisons différentes. C'était la vie, toute la vie, avec les fruits de toutes ses saisons, que voulait savourer cette société de si délicate intelligence. Quel matérialisme ingénieux!

En dessous de la séduisante surface, dans quelques cerveaux profonds, dans les entrailles de la foule, le rêve et la pensée travaillaient, qui allaient tout faire éclater. Cette *Encyclopédie*, cet *Esprit des Lois*, que La Tour place à côté de la Favorite, en flatterie pour ses prétentions intellectuelles, ont autre chose à faire qu'à figurer entre une romance et une gravure exécutée par Madame de Pompadour. Ces livres restèrent fermés pour le modèle et pour le peintre, comme nous le voyons sur le pastel. La philosophie n'était à la mode que parce qu'on y cherchait l'affranchissement des vieilles lois morales. Elle commença par bercer cette société insouciante, qu'elle allait si terriblement étreindre et secouer d'un tel réveil.

Mais il y eut une heure d'enchantement. L'art de vivre, la joie d'aimer, la curiosité de savoir s'y épanouirent. Triple don vivement senti et non moins vivement rendu par La Tour. Il l'incarna lui-même dans ce portrait où il se représente à une fenêtre, l'œil aiguisé de perspicacité et de malice, la lèvre fleurie de sensualité joyeuse, le doigt dirigé vers une porte close, que d'indiscrètes interprétations entr'ouvrirent ensuite sur un mystère libertin.

Les voilà, lui et son œuvre, bien autrement vrais que dans le portrait guindé de Perroneau ! Le La Tour qu'en a fait son émule est un peintre de cour, net et fringant sous la perruque, le regard discret et bridé, résolu à voir seulement ce qu'on daignera lui montrer, la bouche fermée sur les vérités bonnes à taire.

Tel n'est pas l'artiste effronté, sûr de lui, que nous retrouvons dans la salle voisine, à Saint-Quentin, coiffé de son bonnet d'atelier, et qui imposait ses fantaisies à Madame de Pompadour.

La Tour fut trop l'homme de son temps pour que son temps ne le subit pas. Pour lui, les femmes n'eurent pas de secrets. Les plus belles se livrèrent, d'âme, de corps. Et par lui elles nous appartiennent. Qu'on aille leur rendre visite à Saint-Quentin. Leurs contemporains ne les virent pas dans plus d'abandon, de grâce tendre, de volupté offerte. Ils n'eurent pas d'elles plus douces œillades, langoureuses ou provocatrices.

Tout un siècle d'amour palpite sur ces charmants visages. Le cœur reste étourdi, grisé.

I

BIOGRAPHIE DE LA TOUR

Maurice-Quentin De La Tour naquit à Saint-Quentin le 5 septembre 1704. Il fut baptisé le jour même de sa naissance à la paroisse Saint-Jacques. L'acte de baptême est ainsi rédigé :

Paroisse Saint-Jacques, septembre 1704.

Le cinquieme de septembre 1704 est né et a été baptizé par le sous. pr. curé Maurice Quentin fils legitime de M' François De La Tour chantre et de Reine Havar sa femme son parain M' Maurice Mégniol la maraine Dam'''' Marie Meniolle, epouse de noble homme M' Jean Boutillier l'aîné ancien mayeur de cette ville lesquels ont signez

De La Tour   Marie Meniolle,
Maillet   Maurice Meniolle
curé

Le nom de De La Tour n'apparaît que deux fois, avant le 21 juin 1700, sur les registres de baptêmes, mariages et décès des paroisses de Saint-Quentin : le 11 juillet 1674, mention est faite du décès de Jean De La Tour, âgé de 45 ans, paroisse Saint-Martin ; c'est le propre grand-père du pastelliste. Le 22 août 1692, est inscrit le mariage de Jacques-Constance De La Tour du Trin, dit Saint-Ange, sergent au régiment de marine en garnison à Saint-Quentin, avec Jeanne-Nicole Sergent. Y a-t-il un degré de parenté entre cette famille et celle du peintre ?

M. Élie Fleury, qui s'est livré aux plus actives recherches, n'a pu retrouver le premier acte de mariage de François De La Tour, chantre de la Collégiale, demeurant alors paroisse Saint-Jacques. Les seuls renseignements, inédits d'ailleurs, fournis par les registres sont les suivants :

21 juin 1700 : baptême de Adrien-François, fils de François De La Tour et de Reine Avart. — 14 avril 1702 : baptême de Charles, fils de François De La Tour et de Reine Havar ; le parrain est Charles Havar. — Signé : Charles Havard.

En 1706, les époux De La Tour-Havart habitaient la paroisse Saint-André.

24 juin 1706 : baptême de Edme-Jean, fils de François Delatour, musicien, et de Reine Avart. Il mourut le 9 mars 1714. L'acte de décès est signé par son père et par son frère, A.-F. Delatour.

1ᵉʳ mars 1708 : baptême de Marie-Madeleine, fille de François Delatour et de Reine Avart ; elle meurt trois jours après. — 7 juin 1712 : baptême de Louis-Joseph-Ambroise, fils de François Delatour et de Reine Avart ; il meurt le 26 décembre 1717. Cet acte est signé : Charles DELATOUR.

Trois de ces enfants seulement survivaient, lorsque mourut, le 6 juillet 1723, Reine Havart, femme de François De La Tour, musicien de l'église royale de Saint-Quentin, âgée de cinquante ans.

François De La Tour épousa en secondes noces, le 21 juin 1725, la demoiselle Duliège. Les registres de la paroisse Saint-Remy portent :

Mariage de François Delatour, veuf de demoiselle Reine Havart, musicien de l'église royale de Saint-Quentin, de la paroisse Saint-André, et demoiselle Marie-Françoise Duliège, fille de Jean Duliège et de demoiselle Catherine Desain.

On connaît à La Tour deux frères du second lit : Jean-François, qui fut son légataire universel, et Adrien-Honoré, dont la signature est à Saint-Remy, sur l'acte de baptême de Marie-Joséphine Bisson, fille de Bisson, marchand de vins, et de Marie-Anne Merivan (2 janvier 1749). Adrien-Honoré, parrain, est qualifié, dans l'acte, de jeune garçon nubile.

Mᵉ François, père du pastelliste, avant de remplir les fonctions de chantre de la collégiale de Saint-Quentin, avait servi en qualité de trompette dans le régiment des carabiniers du duc du Maine, ainsi qu'il résulte de ce document :

Archives du greffe du Tribunal civil de Laon, liasse 92.
Registre d'audience du mercredi dix-huitième août 1694.

Monsieur Bellote, lieutenant criminel, et Messieurs. Entre Jean-François De La Tour, trompette de la compagnie de Monseigneur le duc du Maine, au régiment des carabiniers, et Nicolas Charpentier, dit Durivage, carabinier du sieur Dumesnil, prisonniers-es-prisons roïalles de ce siège, pour requeste.

Contre Georges Delizy, seigneur d'Allemant, lieutenant au régiment de Robert Crézutier, Antoine Pioche, lieutenant au régiment de Picardie, deffendeurs.

Les parties ouïes par leurs procureurs et le procureur du Roy après avoir eu communication de la requête des demandeurs, ouï en ses conclusions.

Nous ordonnons que dans vendredy vingtiesme du présent mois, lesdits Pioche et Delizy seront tenus de faire récoller et confronter auxdits De La Tour et Durivage les témoins...

Information du neuf mars dernier, faite en leur requeste, sinon le temps passé sera passé... en jugement du procès en l'estat qu'il est et sera le présent jugement exécuté nonobstant opposition.

Signé : BELLOTE, BRETEL, GRUET.

Pourquoi François De La Tour était-il en prison depuis cinq mois au moment où on le voit intenter ce procès à son lieutenant? On peut incliner à penser, avec M. Georges Grandin, que le trompette du duc du Maine s'était montré un peu plus ardent que de raison dans quelque rixe avec la jeunesse frondeuse de Laon. En l'an de grâce 1694, les prisons royales de cette ville étaient encombrées de soldats, arrêtés dans des circonstances identiques.

Les biographes de Maurice-Quentin De La Tour nous l'ont représenté sous la férule de Nicolas Desjardins, principal du collège, moins préoccupé de sa rhétorique que des estampes achetées en cachette et qu'il copiait presque avec dévotion. Il ne semble pas, en dépit de certaines affirmations, que la vocation de Maurice-Quentin ait été longtemps contrariée. Le Musée de Saint-Quentin conserve religieusement une vue perspective de la ville faite au crayon, en 1718, par le jeune collégien, alors âgé de quatorze ans. Cette esquisse était dédiée et offerte par Maurice-Quentin à son maître Nicolas Desjardins, ce qui indique tout au moins qu'il n'existait pas entre eux de profonds dissentiments.

Quant à Me François, la lutte qu'il avait un instant engagée contre son fils ne fut pas très longue : « Tu seras ingénieur », lui dit-il. — « Je serai peintre », répondit Maurice-Quentin, et son père lui donna lui-même un professeur de dessin.

Les Goncourt veulent que Maurice-Quentin De La Tour soit arrivé à Paris vers 1719, à l'âge de quinze ans. Aucun document ne les appuie de son autorité. C'est seulement en 1722 que La Tour prend le chemin de Paris. Il a écrit à Tardieu, le graveur, et ce dernier lui a conseillé de venir. Mais comme La Tour est peintre, Tardieu ne saurait lui garder une place dans son atelier, et il le recommande à Delaunay, artiste-marchand de tableaux du quai de Gesvres, qui l'éconduit. Sollicité, Vernansal ne se montre pas plus accueillant. Enfin La Tour entre chez Spoëde, artiste « tout à fait médiocre », au témoignage de Mariette, mais bienveillant, chez lequel il passe à peine quelques semaines : il en sait, en effet, bientôt plus que l'ami de Watteau. Que devenir? Paris n'est décidément pas hospitalier au fils de Me François. Retourner à Saint-Quentin avant de s'être affirmé serait une reculade indigne de ses énergiques résolutions. Maurice-Quentin y songe à peine, et comme il tient avant tout à apprendre son métier de peintre, s'il quitte Paris ce sera du moins pour se rendre dans une autre cité où l'art est tenu en très grand honneur. Il part, croit-on, à destination de Reims, à l'heure même où le sacre de Louis XV y attire la foule des courtisans et des célébrités de toute sorte et de toute origine.

On n'a aucun détail sur le séjour de La Tour à Reims. Fut-il admis à l'honneur d'évoquer au pastel l'image de quelqu'une des grandes dames de la Cour ou dut-il se borner à tracer pour lui seul des portraits qui ne nous ont point été révélés? Qui sait cependant si plus d'une parmi ces « inconnues » du Musée Lécuyer ne posa pas devant le jeune pastelliste pendant son rapide passage à Reims? Ne dut-il pas à certaines d'entre elles des lettres de recommandation pour Cambrai, où La Tour comptait tirer parti du congrès diplomatique provoqué, dès 1720, par le cardinal Dubois?

Le congrès n'ouvrit qu'en janvier 1724. Que fit La Tour dans l'intervalle? On est sûr qu'il séjournait à Saint-Quentin à la fin de 1722. Nous en trouvons la preuve dans un acte de procédure fort suggestif de la prévôté de Laon, découvert par M. Ch. Desmaze, et aux termes duquel la nommée Anne Bougier, célibataire, âgée de vingt-deux ans, étant accouchée le 15 août 1723 d'un enfant mort, fut, sur la déclaration de la sage-femme, poursuivie et « faite prisonnière ». Convaincue d'avoir célé sa grossesse jusqu'au jour de ses couches, elle fut condamnée à être admonestée en la Chambre du conseil, à ne plus récidiver, et à trois livres d'aumônes applicables aux pauvres de l'hôpital général de Laon.

Les interrogatoires auxquels répondit Anne Bougier nous renseignent sur la part de responsabilité attribuée à La Tour en cette affaire.

A dit se nommer Anne Bougier, âgée de vingt-deux ans, fille de Philippe Bougier, chantre en l'église métropolitaine de Lens, où il demeure à cause de son emploi, et d'Anne Delatour, sa mère, avec laquelle elle demeurait en cette ville (Laon) depuis huit mois, et auparavant demeurant l'une et l'autre, sa mère et elle, en la ville de Saint-Quentin ; n'avait point d'autre métier, non plus que sa mère, que celui de tricoter des bas.

A dit qu'elle était née à la Fère, mais que sa famille était originaire de Laon; feu Nicolas Bougier, chantre en l'église collégiale de Laon, était son aïeul paternel, et François Jean De La Tour, maître maçon à Laon, était son aïeul maternel.

A dit qu'elle s'était bien comportée et n'avait jamais eu d'habitudes criminelles avec aucun homme ou garçon, à l'exception qu'elle s'était abandonnée trois fois au nommé Quentin

De La Tour, garçon de dix-neuf ans, peintre de son métier, demeurant à Saint-Quentin, son cousin germain, et cela dans le temps qu'elle demeurait avec sa mère à Saint-Quentin.

Interrogée si c'est d'œuvre dudit De La Tour, son cousin, qu'elle est devenue enceinte de l'enfant mort dont elle a accouché le 15 août,

A dit que oui : qu'elle s'est crue hydropique, parce que, après avoir eu des habitudes avec ledit De La Tour, elle a eu des purgations ordinaires huit jours après et ne les a plus eues depuis.

Cet acte de procédure démontre bien que La Tour revint à Saint-Quentin, après avoir séjourné à Reims et avant de se rendre à Cambrai, et, en tout cas, on peut placer ses relations avec la malheureuse Anne Bougier, sa cousine, vers le mois de décembre 1722 : M⁸ François n'était, cette première fois, resté séparé de son fils que pendant quelques mois. Anne Bougier mourut à Saint-Quentin, le 25 juillet 1740. Elle s'appelait depuis longtemps Anne Bécasse et était la femme d'un modeste ouvrier.

A Cambrai, La Tour fut tout de suite traité en grand artiste. Les plénipotentiaires avaient des loisirs. On ne discutait pas seulement dans la vieille cité les intérêts de l'Empereur et de l'Espagne. « Si les cuisiniers, selon le mot de Saint-Simon, eurent plus d'affaires que leurs maîtres », ceux-ci surent se créer, en dehors des séances diplomatiques, d'aimables occupations. Voltaire accompagna à Cambrai la marquise de Rupelmonde et, pour elle, un soir, *Les Plaideurs* cédèrent la place à *Œdipe,* de par la volonté de M. de Vindisgratz, sollicité à cet effet.

Chez la marquise de Saint-Contest, femme du plénipotentiaire français, on avait demandé à Voltaire d'intervenir et, sur l'heure, le poète écrivit :

> Seigneur, le Congrès vous supplie
> D'ordonner tout présentement
> Qu'on nous donne une tragédie
> Demain pour divertissement.
> Nous vous le demandons au nom de Rupelmonde,
> Rien ne résiste à ses désirs
> Et votre prudence profonde
> Doit commencer par ses plaisirs
> A travailler pour le bonheur du monde.

M. de Vindisgratz répondit à la belle marquise par ce placet :

> L'amour vous fit, aimable Rupelmonde,
> Pour décider de nos plaisirs :
> Je n'en sais pas de plus parfait au monde
> Que de répondre à vos désirs.

> Sitôt que vous parlez on n'a point de réplique,
> Vous aurez donc Œdipe et même *sa critique;*
> L'ordre est donné pour qu'en votre faveur
> Demain l'on joue et la pièce et l'auteur.

La grande affaire pour mesdames les ambassadrices qui avaient des loisirs, c'était le faste des réceptions, de la comédie — ou de la tragédie — jouée autant à la scène que dans les salons. Bientôt ce serait, s'il en faut croire la légende, l'atelier même d'un peintre de vingt ans, de Maurice-Quentin De La Tour. Déjà La Tour savait comment on prend une femme, et il allait s'appliquer à les prendre toutes : entendons par là que nul mieux que lui ne devait désormais chercher à les bien connaître, à faire monter à la surface le tréfonds de leur âme, à noter les subtilités de leur esprit, à caresser en quelque sorte dans la poudre légère du pastel et cet esprit et cette âme.

L'ambassadrice d'Espagne, marquise de Beretti-Landi, posa devant le fils de M° François. Combien furent-elles qui sollicitèrent la faveur d'être *prises* par Maurice-Quentin? Ce qui est sûr, c'est que sa vogue dut être très grande, puisque l'ambassadeur d'Angleterre usa de toutes les ressources de la diplomatie pour emmener La Tour à Londres, et qu'il y réussit. Il est aussi fort probable que les relations de La Tour avec Voltaire remontent au congrès de Cambrai.

La Tour resta en Angleterre environ deux ans, et lorsqu'il rentra en France, il eut l'étrange inspiration de se donner pour un peintre anglais : c'était alors, paraît-il, la meilleure recommandation. Très maître de son art, l'élève de Nicolas Desjardins était loin cependant de se considérer comme ayant atteint le sommet. A Paris il connut la famille de Boullongne dans laquelle il fit plusieurs portraits. Louis de Boullongne, premier peintre du roi, ayant demandé qu'on lui présentât l'auteur, La Tour n'affronta pas sans crainte son jugement. Le vieux maître complimenta le pastelliste sur certain portrait placé en évidence ; mais en même temps — d'après Mariette et l'*Abecedario*, — il lui signala les défauts caractéristiques de cette œuvre où vainement La Tour les avait cherchés :

« Vous ne savez ni peindre, ni dessiner, se serait écrié Louis de Boullongne, vous possédez un talent qui peut vous mener loin. Venez me voir. »

Voilà des années que La Tour travaille partout et toujours. En tous lieux il observe, et tout lui est un sujet d'étude : « Vous ne savez ni peindre, ni dessiner » ! Ni les copies d'estampes à Saint-Quentin, ni l'atelier de Spoëde, ni le séjour à Reims, ni la station de Cambrai, ni les deux années passées à Londres, dans un labeur continuel, n'ont donc fait de lui l'artiste qu'il avait rêvé d'être ?

Ce n'est pas assez qu'il soit un profond analyste du cœur humain, ni qu'il connaisse par là même jusqu'aux moindres pensées déterminantes de l'âme de son siècle. Il importe peu que le sourire adorable, le regard malicieux, la carnation veloutée d'une femme soient rendus à merveille par la poussière du pastel : cette poussière s'envolera d'autant plus vite, au premier souffle, qu'elle ne sera retenue par rien de définitif. A l'œuvre donc ! et puisque La Tour ne sait pas dessiner, il vivra seul désormais avec lui-même, il travaillera loin de la foule et, renonçant aux succès faciles, il apprendra ce qu'il ignorait : l'alphabet de son art, le dessin.

Quand il reparaîtra sur la scène du monde, personne ne lui donnera plus de conseils : Louis de Boullongne va bientôt mourir, et Maurice-Quentin De La Tour, le guetteur de consciences, est devenu le dessinateur impeccable et sûr qu'il restera jusqu'à la fin.

A partir de ce jour, la vie de La Tour est dans ses œuvres, exposées pendant trente-six ans aux divers Salons de « Messieurs de l'Académie royale ». Il y fut admis en 1737. Voici le détail de ses envois d'après les Livrets et les critiques du temps, déjà explorés avec un si rare bonheur par les Goncourt et Champfleury.

SALON DE 1737. — *Madame Boucher*. — *L'Auteur qui rit*.

SALON DE 1738. — *M. Restout*, professeur de l'Académie, dessinant sur un portefeuille. — *Madame de *** (Rouillé de l'Étang)*, habillée avec un mantelet polonais, réfléchissant, un livre à la main. — *M. Mansard (Hardouin-Mansart)*, architecte du Roi. — *Mademoiselle de La Boissière*, ayant les mains dans un manchon, appuyée sur une fenêtre. — *Madame Restout*, en coiffure.

SALON DE 1739. — *M. de Fonspertuis*, conseiller au Parlement. — *M. Dupeuche* (le livret dit *Dupouch*), appuyé sur un fauteuil. — *Le frère Fiacre de Nazareth*.

SALON DE 1740. — *M. de Bachaumont*. — *Madame Duret*, dans une bordure ovale. — *M. de *** (Perrinet de Faugnes?)*, qui prend du tabac; portrait jusqu'aux genoux.

SALON DE 1741. — *M. le président de Rieux*. — Buste d'un *Nègre* qui rattache le bouton de sa chemise.

SALON DE 1742. — *Madame la présidente de Rieux* en habit de bal, tenant un masque. —

Mademoiselle Sallé, habillée comme elle est chez elle. — *M. l'abbé *** (Hubert)*, assis sur le bras d'un fauteuil, lisant à la lumière un in-folio. — *M. du Mont le Romain*, professeur de l'Académie royale de peinture et de sculpture, jouant de la guitare. — Petit buste de l'*Auteur* ayant le bord de son chapeau rabattu.

SALON DE 1743. — *M. le duc de Villars*, gouverneur de Provence, chevalier de la Toison d'Or. — *M. *** (Charles Parrocel)*, peintre de l'Académie. — *Mademoiselle de *** (Mademoiselle de Beaupré)*. Ne fut pas exposé, si l'on en croit Mariette. — *M. René Frémin*, sculpteur (non catalogué).

SALON DE 1745. — *Le Roi.* — *Le Dauphin.* — *M. Orry*, ministre d'État, contrôleur général; peint en grand. — *M. *** (Duval de l'Épinoy)*, secrétaire du Roi, ami de l'auteur; aussi en grand. — Plusieurs autres portraits sous le même numéro.

SALON DE 1746. — Quatre portraits au pastel sous le même numéro, dit le Catalogue. Ce sont ceux de : *Monseigneur le Dauphin;* — *M. Restout*, peintre; — *M. Páris de Montmartel*, et un quatrième pastel, non dénommé.

SALON DE 1747. — Plusieurs portraits au pastel, parmi lesquels ceux de : *Madame la comtesse de Lowendahl;* — *M. le maréchal de Saxe;* — *M. le duc d'York;* — *Madame de Montmartel;* — *M. le comte de Clermont;* — *M. Le Moyne*, sculpteur; — *M. Binet;* — *M. l'abbé Le Blanc;* — *M. Gabriel*, premier architecte. — *M. Cupis;* — *M. de Mondonville;* — *Madame Drevet*.

SALON DE 1748. — *Le Roi.* — *La Reine.* — *Le Dauphin.* — *Le prince Edouard.* — *M. le maréchal de Belle-Isle.* — *M. le maréchal de Saxe.* — *M. le maréchal de Lowendahl.* — *M. le comte de Sassenage.* — *M. M*** (de Savalette de Buchelay père).* — *M. M*** (de Savalette de Buchelay fils).* — *M. de Moncrif*, de l'Académie française. — *Madame ****. — *M. Duclos*, de l'Académie française et belles-lettres. — *Madame ****. — *M. du Mont le Romain*, adjoint à Recteur.

SALON DE 1750. — Plusieurs têtes au pastel sous le même numéro.

SALON DE 1751. — Plusieurs têtes sous le même numéro : *M. de La Reynière;* — *Madame de La Reynière;* — *M. Garnier (d'Isle);* — *M. Baillon;* — *Mademoiselle Sylvia;* — *M. Roettiers*.

SALON DE 1753. — *Madame Lecomte*, tenant un papier de musique. — *Madame de Geli*. — *Madame de Mondonville*, appuyée sur un clavecin. — *Madame Huet*, avec un petit chien. — *Mademoiselle Gabriel*. — *Mademoiselle Ferrand* méditant sur Newton. — *M. le marquis de Voyer [d'Argenson]*, lieutenant général des armées du roi, inspecteur général de la cavalerie, honoraire, associé libre de l'Académie royale de peinture et de sculpture. — *M. le marquis de Montalembert*, mestre de camp de cavalerie, gouverneur de Villeneuve d'Avignon, associé libre de l'Académie royale des sciences. — *M. de Silvestre*, écuyer, premier peintre du roi de Pologne, directeur de l'Académie royale de peinture et de sculpture. — *M. de Bachaumont*, amateur. — *M. Watelet*, receveur général des finances, honoraire, associé libre de l'Académie royale de peinture et de sculpture. — *M. Nivelle de La Chaussée*, de l'Académie française. — *M. Duclos*, des Académies française et des inscriptions, historiographe de France. — *M. l'abbé Nollet*, maître de physique de M. le Dauphin, de l'Académie royale des sciences, de la Société royale de Londres et de l'Académie de Berlin. — *M. d'Alembert*, de l'Académie royale des sciences, de la Société royale de Londres et de l'Académie de Berlin. — *M. Rousseau [Jean-Jacques]*, citoyen de Genève. — *M. Manelli*, jouant dans l'opéra du *Maître de musique* le rôle de l'impresario.

SALON DE 1755. — *Madame la marquise de Pompadour*, 5 pieds et demi de haut sur 4 pieds de large.

SALON DE 1757. — Plusieurs portraits sous le même numéro, parmi lesquels : *le médecin Tronchin*; — *M. Monnet*, directeur de l'Opéra-Comique ; — *Mademoiselle Fel*, chanteuse; — *le père Emmanuel*, capucin de Saint-Quentin, confesseur de la jeunesse du peintre.

SALON DE 1759. — Plusieurs portraits sous le même numéro. — Au témoignage de Diderot, La Tour n'aurait pas exposé cette année-là.

SALON DE 1761. — Plusieurs portraits sous le même numéro : *M. le comte de Lusace*. — *M. de Crébillon*, poète tragique. — *M. le duc de Bourgogne*. — *Madame la Dauphine*. — *M. Bertin*. — *M. Laideguive*, notaire. — *M. Dupeuche*. — *M. Chardin*. — *M. Philippe*, directeur des Aides. Ces trois derniers sont signalés par Saint-Aubin sur son livret de 1761 (Cabinet des Estampes).

SALON DE 1763. — *Monseigneur le Dauphin*. — *Madame la Dauphine*. — *Monseigneur le duc de Berry*. — *Monseigneur le comte de Provence*. — *Le prince Clément de Saxe*. — *La princesse Christine de Saxe*. — Autres portraits sous le même numéro, parmi lesquels *M. J.-B. Lemoyne*, sculpteur.

SALONS DE 1765 ET 1767. — Les livrets des Salons de 1765 et de 1767 ne mentionnent rien de La Tour. — Le Salon de Diderot indique néanmoins de lui, en 1767, une ébauche de *tête de femme*, et les portraits de l'oculiste *Demours* et de *l'abbé de Lattaignant*.

SALON DE 1769. — Plusieurs têtes sous le même numéro. — La *Lettre sur le Salon de peinture* de 1769 parle de quatre portraits de La Tour, parmi lesquels elle cite le portrait de *Gravelot*. — Des croquis de Saint-Aubin sur le livret de 1769, de sa collection, au Cabinet des Estampes, témoignent que trois des portraits étaient ceux de *Gravelot*, de *M. Patrot*, secrétaire du duc de Belle-Isle, de *M. l'abbé Regley*.

SALON DE 1771. — Le livret ne mentionne rien de La Tour; mais le *Mercure de France* parle de trois pastels, dont le *Dialogue sur la peinture* nous fait connaître l'arrivée tardive au Salon.

SALON DE 1773. — Plusieurs têtes sous le même numéro.

Au seul énoncé de ses Salons, on peut imaginer ce que fut le succès de La Tour jusqu'au jour où sombrèrent, dans une étrange folie de philosophe nébuleux, et son génie et sa raison. Dès l'instant où, admis à l'Académie royale en qualité d'agréé — en attendant mieux — il lui est loisible d'exposer, la fortune de La Tour est assurée. Autour de lui, comme autour de la Rosalba pendant la Régence, c'est le même assaut de curiosité fiévreuse, et on se dispute de même pour avoir son heure dans l'atelier de l'artiste. Ni son fâcheux caractère, ni son humeur volontiers rude et parfois davantage, ni l'excès même de ses prix, ni son amour de la chicane, n'éloignent qui que ce soit de celui que Diderot appelle un magicien. Et, comme il a de l'œil et de la dent, ses succès d'homme ne sont pas inférieurs à ses succès de portraitiste, recherché par les plus privilégiés à la Cour comme à la ville.

Il fréquente chez M. de la Popelinière et il est longtemps des lundis de Madame Geoffrin. Ses préparations démontrent jusqu'à l'évidence qu'il était, pour le moins, aussi familier avec les coulisses de l'Opéra qu'avec celles du monde de la finance. S'il philosophait avec Jean-Jacques, qui eut, cela est certain, une influence considérable sur son esprit, il devisait avec autant de plaisir — quoique d'essence différente — avec la Clairon et la Camargo, avec Madame Favart et Mademoiselle Silvia, et surtout avec Mademoiselle Fel, à qui il donna le meilleur de lui-même.

Qu'importent, au surplus, ses boutades, inconvenantes ou brutales? Elles prouvent qu'il eut jusqu'au suprême degré le goût de l'indépendance. On excuse l'arrogance chez un soldat heureux. Pourquoi en serait-il autrement pour un artiste qui donnait à ses modèles des satisfactions d'un goût si raffiné ? Au vrai, on ne lui en tint que fort peu rigueur, et l'on sait de reste qu'il eut souvent l'occasion de pousser à la fortune des grands de ce monde, tel le maréchal de Saxe, doté fortement sur les États d'Artois, grâce à l'intervention de La Tour. Au cours de notre visite au Musée Lécuyer, nous aurons à signaler quelques traits de caractère du peintre dans les rapports qu'il eut avec ses modèles. On constatera, qu'après tout, ils sont au très grand avantage de La Tour.

II

LES FONDATIONS DE LA TOUR A SAINT-QUENTIN

LE PRIX LA TOUR A L'ACADEMIE ROYALE

C'est au mois d'août 1776 que La Tour marque plus spécialement l'intention de s'intéresser à la ville de Saint-Quentin. Le souvenir d'Anne Bougier le hante visiblement : cet homme d'esprit, et d'esprit méchant, n'a jamais cessé d'être un homme de cœur. Son amour de la philosophie indique que pas un instant, il ne se laissa aller à oublier les souffrances d'autrui : « La bouillante ardeur de ma jeunesse, disait-il, m'a précipité dans des écarts dont je ne puis assez me repentir. » Diderot écrivait : « Cet homme singulier qui apprend le latin à cinquante-cinq ans, et qui a abandonné l'art dans lequel il excelle pour s'enfoncer dans les profondeurs de la métaphysique qui achèvera de lui déranger la tête... » Diderot prévoyait juste, mais il eût pu s'expliquer ce La Tour nouvelle manière s'il l'eût connu mieux et s'il avait su le roman de Saint-Quentin dont Anne Bougier avait été la douloureuse héroïne.

Une lettre de La Tour nous éclaire sur son état d'âme. Dans cette lettre, le fils de M⁰ François, à l'apogée de sa gloire, dit au mayeur combien il est touché des sentiments qu'il témoigne pour la mémoire de son père, et il accepte l'honneur que lui et Messieurs de l'Hôtel de Ville lui font en lui demandant un portrait pour être mis en pendant de celui de M. Maillet : « J'espère y travailler le plus tôt que je pourrai, écrit-il, ceux que j'avais de moi n'existant pas, les idées de perfection qui m'ont fait détruire tant d'ouvrages... » (Les mots suivants manquent.)

En même temps, il prie « Messieurs » d'être les dispensateurs des infortunées femmes en couches, et son ami, M. Demoustier-Delatre, remet au mayeur une « rescription de 6,000 livres sur le receveur général des gabelles du Roi à Saint-

Quentin pour être placée à constitution de rente » et le revenu annuel appliqué à secourir les femmes indigentes dans leurs couches.

« Nos vœux seront comblés, lui écrivent le mayeur et les échevins, lorsque nous posséderons votre portrait qui sera placé dans notre Chambre du Conseil, et vous, Monsieur, dans notre cœur. »

La Tour ne s'en tient pas là. Le vendredi 16 mai 1777, le mayeur informe le corps de ville qu'il vient de recevoir de l'illustre peintre une somme de six mille livres dont les intérêts seront employés à secourir des artistes infirmes et âgés, et hors d'état de gagner leur vie.

La fondation d'un Bureau de charité acquise, La Tour se préoccupa d'instituer, à Saint-Quentin, une école de dessin où ses jeunes concitoyens recevraient gratuitement des leçons. Le fils de M® François se rappelait les difficultés du début, au temps où il traçait de son mieux la perspective de sa ville natale, et où son crayon malhabile évoquait, suivant la tradition, l'image de sa mère, que garde pieusement le Musée Lécuyer. Mais, en homme avisé, en philanthrope surtout, il ne fondera point une école de dessin destinée à grossir le nombre des artistes pauvres qui battent le pavé de Paris. Dans son esprit, cette école doit former des dessinateurs d'art industriel, et aider au développement économique de la ville de Saint-Quentin. Le mot du vieux peintre Boullongne : « Apprenez le dessin, » résonne toujours à son oreille, et, à son tour, il le répète aux fils de cette vaillante cité manufacturière pour qui l'enseignement du dessin pouvait être une véritable fortune.

Cependant les choses n'allèrent point sans difficultés, La Tour voulant que son ami Rigault, chirurgien et accoucheur, et, il faut bien le dire, l'initiateur de ce projet, eût dans l'administration de l'école une place prépondérante. Qu'on lise cette lettre inédite, si curieuse, adressée à La Tour par un de ses concitoyens : elle montre à quel état aigu arriva la question :

Mon cher Monsieur,

Plus j'ay lu et examiné la lettre de Messieurs représentant le corps de ville de Saint-Quentin, plus j'ay été révolté de la marque avec laquelle ils persévèrent dans la note de leur délibération injurieuse à un de vos amis, c'est-à-dire à un homme digne de votre estime, car vous ne l'aimeriez pas si vous ne l'estimiez pas. S'il est de vos amis comme vous me l'avés dit, ces Messieurs devraient s'empresser de vous donner satisfaction à son sujet ; et que leur aurait-il coûté de raïer les termes de leur délibération qui vous offusquaient? Ils vous devaient ces égards comme bienfaiteur : au lieu de cela, mon cher Monsieur, vous leur demandés une chose étrange qu'un corps entier et la ville même, représentée par ses députés, fassent un pas en arrière en rayant de la délibération des termes très ménagés et qui l'étaient trop peut-être dès qu'ils n'avaient personne en vue.

Si quelqu'un a cru s'y reconnaître, ce serait un malheur pour lui ; il aurait mérité l'apostrophe.

Nos premiers parents ne s'appercevant qu'ils étaient nuds que quand ils eurent péché, vous avés donné d'abord sans réserve, et ensuite vous avés voulu imposer des conditions dont l'objet est de faire partager l'autorité à des personnes qui n'ont aucun caractère pour y prétendre. C'est-à-dire que vous, qui, comme fondateur, devés donner la loi, ils veulent que vous la receviés d'eux, et il finissent par citer un passage d'Horace que le monde serait entièrement renversé, que ses ruines en les frappant ne les effraieraient point et les trouveraient inébranlables.

J'ay trouvé cela trop fort pour persévérer dans une injure faite à un de vos amis, et sachant dans un projet de lettre la triste indignation que j'en ressentais, je vous y fais expliquer d'une manière digne d'un fondateur qui, en faisant le bien, ne veut pas qu'on s'en fasse un prétexte d'insulter personne.

Je crois m'y être expliqué selon vos sentiments avec honnêteté et force. Si cependant vous trouviez trop forts les termes dont je me suis servi, je seray jusqu'à mardy prochain chés M. Le Coutent, à Fontenay-aux-Roses, et je suis chargé de vous réitérer la prière d'y venir dîner ; on vous y recevra avec honneur et plaisir, et j'auray en particulier la satisfaction de vous répéter ce que je vous ai dit tant de fois, que personne n'est avec plus d'estime et d'atachement,

Mon très-cher Monsieur,

Votre très-humble et très-obéissant serviteur,
ESBRARD.

Fontenay-aux-Roses, le 29 septembre 1779.

Il fallut deux ans de négociations, comme en témoignent les nombreux documents publiés par M. Georges Lecocq, pour arriver à une entente définitive entre La Tour et MM. les mayeur et échevins de la ville de Saint-Quentin. La convocation suivante est datée du 20 juillet 1781 :

De par Messieurs les Mayeur et Echevins de la ville de Saint-Quentin.

Messieurs,

Vous estes priés d'envoyer demain vingt et un du présent mois quatre heures après midy à l'Hôtel-de-Ville, une personne de votre corps pour y donner son avis dans l'Assemblée générale qui se tiendra, sur le party à prendre pour l'établissement de l'école gratuite de dessin que Monsieur Delatour se propose de faire en cette ville.

Fait en la Chambre du Conseil de l'Hôtel-de-Ville le vingt juillet mil sept cent quatre-vingt-un.

Sans habits de cérémonie.

Les lettres patentes, portant établissement d'une école royale gratuite de dessin, furent données à Versailles au mois de mars 1782. Toutes ces fondations sont encore en plein exercice. Auprès de l'Académie des Sciences, Belles-lettres et Arts d'Amiens, il créait un prix annuel de cinq cents livres, au profit du « citoyen de la province de Picardie qui aura fait la plus belle action d'humanité », etc. (10 mai 1783). Dans le même temps, La Tour fondait à l'Académie royale les prix de perspective, d'anatomie et du torse ou de la demi-figure peinte. Celui-ci subsistait seul par le règlement du 4 septembre 1784. Il est toujours attribué à l'École des Beaux-Arts et porte le nom de La Tour.

III

VIEILLESSE DE LA TOUR

Diderot l'avait annoncé : l'active intelligence de La Tour sombra dans l'étude de la métaphysique.

Vers le milieu de l'année 1784, le chevalier François De La Tour fut informé de l'affaiblissement des facultés de son frère. Il quitta Saint-Quentin et se rendit à Auteuil, où il trouva le peintre occupé à la lecture d'un *Précis historique des faits relatifs au magnétisme*, de Mesmer, autour de qui on menait grand bruit cette année-là.

Le chevalier De La Tour s'était fait accompagner d'un de ses compatriotes, ami du peintre, M. Cambronne-Dartois. Ils étaient à peine entrés que La Tour leur posa cette étrange question :

« Que pensez-vous de la décision de la commission?

— Quelle commission? demanda M. Cambronne.

— Hé! parbleu, la commission des savants Bailly, Darcet, Franklin, Jussieu, Lavoisier, mes amis, enfin, qui viennent de se prononcer pour le baquet de Mesmer!

— Le baquet de Mesmer? » répéta M. Cambronne.

Mais La Tour s'était remis à lire le *Précis*. Puis, s'étant levé tout à coup :

« Vous savez que je pars?

— Et où allez-vous?

— Dans le ciel; je pars en ballon, demain. Montgolfier est venu me prier d'aller avec lui; nous tentons une troisième expérience.

— Moi aussi, je pars, s'écria bien vite M. Cambronne. J'ai deux places dans l'aérostat de Montgolfier, et je vous en offre une.

— Vraiment! J'accepte. »

Et le lendemain, M. Cambronne venait chercher La Tour en chaise de poste.

« Où allons-nous ? questionna celui-ci.

— A la Villette ; c'est là que se gonfle le ballon. »

Les chevaux trottaient depuis quelques heures, quand La Tour flaira la supercherie : il n'en fut pas autrement contrarié. C'est le 21 juin 1784 que La Tour, accompagné de son frère et de M. Cambronne, fait son entrée solennelle dans sa bonne ville de Saint-Quentin. Toute la population est sur pied : les compatriotes de l'illustre vieillard n'ignorent point son génie, mais ils savent surtout que celui qui vient finir ses jours parmi eux est le bienfaiteur de sa ville natale. Le mayeur et les échevins sont là, entourés des députations nombreuses venues en tenue de gala. C'est la nuit. La ville est illuminée comme pour une fête publique et carillonnée, des oriflammes décorent jusqu'aux plus humbles maisons, et un concert de louanges monte de la foule enthousiaste. Voici la chaise de poste : La Tour paraît ; on l'acclame, et l'artiste pleure en disant : « Qu'ai-je donc fait pour mériter cette réception ? »

Sur la Petite Place, la chaise de poste s'arrête devant la maison de M° François : c'est là que naquit le pastelliste français, à l'ombre du clocher de Saint-Jacques. Enfin La Tour pénètre dans une maison de la rue de la Vignette où les délégations le saluent, tandis que les cloches de la vieille église sonnent à toute volée. Dès ce jour, la rue de la Vignette change de nom ; elle s'appellera désormais rue De La Tour.

Hélas ! la raison du peintre va s'égarer définitivement.

Le 5 juillet 1784, c'est-à-dire à peine quinze jours après l'entrée triomphale du 21 juin, le chevalier François De La Tour présente requête au président au bailliage de Vermandois à Saint-Quentin, M. Cambronne-Dartois, et lui expose :

> Que le grand âge du sieur Maurice-Quentin Delatour, peintre et pensionnaire du Roy, conseiller de l'Académie royale de peinture et de sculpture, natif et demeurant présentement en cette ville de Saint-Quentin, son frère consanguin, et les infirmités inséparables de la vieillesse l'ont tellement affecté, qu'il a totalement perdu l'usage de son esprit et de sa raison, au point qu'il ne parle plus que de richesses immenses ; qu'il n'en est pas, excepté celle de l'empereur de Chine, qui puisse égaler la sienne ; qu'il promet à toute personne qu'il rencontre 40, 50 et 100,000 livres de rente, dont, dit-il, il leur fera des contrats ; et qu'il ne cesse de dire qu'il existe depuis des millions d'années.

S'appuyant sur ces faits, le chevalier demande l'autorisation de réunir un conseil de famille pour donner son avis sur l'opportunité qu'il y aurait à faire interdire le malade. Les membres de ce conseil de famille, réunis, déclarent à l'unanimité « qu'il est de leur parfaite connaissance que le sieur De La Tour est dans un état de démence absolue... et qu'il est très prudent et même nécessaire de l'interdire ».

Rien ne peint mieux l'état misérable où La Tour était tombé que l'interrogatoire qu'il dut subir le 7 juillet, avant qu'il fût passé outre à la sentence d'interdiction.

Une première fois, dans cette journée du 7 juillet 1784, le magistrat se transporte au domicile du chevalier De La Tour pour procéder à l'interrogatoire ; mais, averti que, la nuit précédente, La Tour a éprouvé une agitation telle qu'il se trouve dans un assoupissement qui le met hors d'état de parler, le magistrat doit y surseoir. Le même jour, à 6 heures du soir, l'état de La Tour s'étant amélioré, il répond à l'interrogatoire que son ami M. Cambronne-Dartois, qu'il n'est même plus capable de reconnaître, lui fait subir :

> Lui ayant demandé des nouvelles de sa santé, dit le magistrat, il nous a répondu : « Qu'il ne nous connaissait pas et qu'il ne voulait pas nous voir. »
> Enquis de ses nom, prénoms, âge, qualité, nativité et demeure,
> A dit : « Qu'il n'avait rien à nous dire et qu'il nous imposait silence. »
> A lui observé que nous avions toujours estimé sa famille et que nous étions son ami,
> A dit : « Que c'était pour cette raison qu'il ne voulait pas nous voir. »
> Enquis si la maison où il fait sa demeure appartient audit sieur Delatour son frère,
> A dit : « Que nous pouvions aller faire f... »
> A lui représenté que nous lui parlions honnêtement et qu'il était étonnant qu'il nous répondit ainsi,
> A dit : « Que nous étions des b... de j...-f..., » et a continué de proférer d'autres invectives.
> Enquis s'il demeure en cette ville depuis longtemps,
> A dit : « Qu'il imposait silence à tout le monde ; qu'il n'entendait pas que personne lui fasse des questions : que nous étions des f... bavards ; qu'il nous jetterait par les fenêtres, qu'il nous jetterait les chandeliers et son pot de chambre à la tête ; » et il appela le sieur Delatour, son frère, à son secours.
> Et sur les différentes autres questions que nous avons faites audit sieur Maurice-Quentin Delatour, il a toujours continué à se répandre en invectives sans aucune suite dans ses propos, appelant toujours son frère pour nous imposer silence.

L'interdiction fut prononcée par sentence du 9 juillet 1784. Il se fit à Saint-Quentin comme une sorte de conspiration du silence sur ce triste état d'esprit du dément. Le 4 avril 1785, au moment d'organiser la distribution des prix de l'École de dessin, l'administration agita la question de savoir si La Tour y serait invité, et décida : « Que si M. De La Tour, fondateur de l'École royale gratuite de dessin de cette ville, qui continue d'être dans l'état de démence qui a occasionné son interdiction, avait quelque moment lucide le jour de la distribution des prix, qui lui permettrait de paraître en public, l'administration en corps ira le chercher pour distribuer les prix et couronner les élèves, et le reconduire de la même manière. »

Dans la séance du 19 avril 1785, le secrétaire fut sans doute gourmandé par certains de ses collègues, à propos de la rédaction peu respectueuse pour La Tour du procès-verbal du 4 avril 1785, et il en manifesta son repentir en ces termes : « Le secrétaire a sur-le-champ témoigné à Messieurs combien il en coûtait à son attachement pour M. De La Tour et à sa reconnaissance pour le bien qu'il a fait à la ville de Saint-Quentin, d'avoir écrit les mots de *démence* et *interdiction*, relativement à mondit sieur De La Tour, dans le procès-verbal du 4 avril suivant (?), consigné sur le livre de délibérations qui est en quelque sorte un dépôt public. »

Il restait à La Tour quatre années à vivre. Il les vécut au milieu du respect de ses concitoyens, son frère le chevalier veillant sur lui avec un soin pieux, et la municipalité marquant en toute occasion sa déférence à l'endroit de l'illustre enfant de Saint-Quentin. De temps en temps un nom montait de son cœur à ses lèvres, celui de Mademoiselle Fel (la Céleste, comme il l'appelait), la seule femme sans doute qu'il eût véritablement aimée et dont le souvenir ne l'abandonna jamais. L'amie de Maurice-Quentin De La Tour était restée en correspondance avec le chevalier, et on a conservé d'elle plusieurs lettres qui montrent que leurs relations demeurèrent jusqu'au bout excellentes.

IV

MORT DE LA TOUR. — APRÈS SA MORT

Le 17 février 1788, Maurice-Quentin De La Tour rendait son âme à Dieu. Il était âgé de 84 ans 5 mois et 12 jours.

Il existe deux actes de décès. La Tour, qui habitait la paroisse Saint-Rémy, ayant été enterré avec ses parents dans la paroisse et le cimetière Saint-André. Voici l'un des deux actes :

Paroisse Saint-André (Année 1788).

Ce jourd'hui, lundi, dix-huit du mois de février mil sept cent quatre-vingt-huit, le corps de M. Quentin de La Tour, peintre du Roi, conseiller de l'Académie de peinture et de sculpture de Paris, et honoraire de l'Académie d'Amiens, transporté à l'église de Saint-Rémy, sa paroisse, en cette église, a été inhumé dans le cimetière de cette paroisse, en présence de M. Jean-François de La Tour, chevalier de l'ordre royal et militaire de Saint-Louis, son frère, et de M. Adrien-Constant Duliège, chapelain de l'église de Saint-Quentin et vicaire de la paroisse de Notre-Dame, soussigné.

Fait double, les jour et an que dessus.

Signé : DE LA TOUR, DULIÈGE et LABITTE, curé.

Le lundi 18 février, une foule immense accompagnait la dépouille du peintre à sa dernière demeure où le portèrent quatre élèves de l'École de dessin, tandis que quatre autres tenaient les coins du drap mortuaire.

La municipalité de Saint-Quentin avait chargé le P. Baron, jacobin, de prononcer l'oraison funèbre de La Tour. Le P. Baron ne pouvant accepter, l'honneur échut à l'abbé Duplaquet, chanoine honoraire de l'église métropolitaine d'Auch, prieur commendataire de Valentine, chapelain conventuel de l'ordre de Malte et censeur royal.

L'éloge de La Tour fut prononcé le 2 mai 1788 à la séance de distribution des prix de l'École de dessin. Le 12 mai, un repas funéraire, offert au chevalier François De La Tour par l'administration de l'École, fut servi dans les jardins de Bagatelle. Le chevalier, salué à son arrivée par une salve d'artillerie, fut reçu par le mayeur, les échevins, le conseil d'administration et les commissaires de la fête. Il ne semble pas que celle-ci ait été attristée par le souvenir de Maurice-Quentin De La Tour. La pièce de résistance du dessert était un temple à colonnes, élevé à la mémoire des deux frères. Deux cœurs, celui de Maurice-Quentin et celui du chevalier, ornés de leur chiffre et d'emblèmes divers rappelant leur bienfaisance, étaient suspendus à la coupole du temple.

On donna lecture de deux vers latins rédigés par l'un des commissaires de la fête, M. Duplessis :

Ingenii fama, post fata, superstite vivit;
Pauperis at memori vivit amore magis.

Puis M. Duplessis lut des « traductions libres » de son distique :

I

Les bienfaits de Maurice, au temple de la Gloire,
Bien plus que ses talents consacrent sa mémoire.

II

Quentin par ses talents sut marcher à la Gloire ;
Ses bienfaits de l'oubli sauveront sa mémoire.

III

Cessez vos pleurs, amis, De La Tour vit encor ;
Ses talents, ses bienfaits l'ont soustrait à la mort.

IV

Les pleurs des indigents, par Quentin secourus,
Le rendent immortel à l'instant qu'il n'est plus.

V

Le talent de Maurice avec lui s'est perdu
Et le temps aurait pu dévorer sa mémoire ;
Mais le pauvre indigent de sa main secouru
De son nom à jamais éternise la gloire.

VI

Ses talents à jamais consacrent sa mémoire
Et le regret du pauvre éternise sa gloire.

VII

De l'oubli du tombeau ses talents l'ont sauvé ;
Mais ses rares vertus l'en ont mieux préservé.

On chanta ensuite des couplets de circonstance. C'est M. Esmangard de Bournonville, conseiller au bailliage et premier commissaire notable pour le jugement des prix en 1788, qui s'acquitta de cette mission :

Air : *Nous n'avons qu'un temps à vivre.*

I

Amis, livrons-nous sans réserve
A louer cet homme excellent ;
Fêtons en lui notre Minerve
Puisqu'il en avait le talent.

REFRAIN.

Quand ces échos retentissent
Des plaisirs d'un si beau jour,
Tous les cœurs se réunissent
Pour chanter le grand La Tour.

II

Sans nous fatiguer de morale,
Qu'il prêchait bien la charité !
D'une main vraiment libérale
Il soulageait l'humanité.

Quand ces échos retentissent, etc.

III

A tous il prodiguait son zèle,
Au pauvre il prodiguait son or ;
Chacun à la Parque cruelle
Redemande son cher trésor.

Quand ces échos retentissent, etc.

IV

Mais nous voyons son digne frère
Dans ce chevalier généreux
Dont l'admirable caractère
Ne fait partout que des heureux.

Quand ces échos retentissent, etc.

V

Tous deux vous fixez notre hommage.
Quel triomphe mieux mérité !
Vos noms adorés d'âge en âge
Iront à l'immortalité.

Quand ces échos retentissent, etc.

VI

Chacun veut graver votre gloire ;
Mais c'est prendre un soin superflu.
On vantera votre mémoire
Tant qu'on vantera la vertu.

REFRAIN.

Quand ces échos retentissent
Des plaisirs d'un si beau jour,
Tous les cœurs se réunissent
Pour chanter le grand La Tour.

On partit, dit M. Abel Patoux dans *Les dernières années de La Tour à Saint-Quentin,* comme on était arrivé, au bruit des salves d'artillerie.

En 1789 l'abbé Duplaquet rédigea, pour le tombeau de Maurice-Quentin De La Tour, cette épitaphe :

D · O · M
A LA GLOIRE DE DIEV
ET
A LA MÉMOIRE
DE MAVRICE-QVENTIN DE LA TOVR,
NÉ A SAINT-QVENTIN LE V SEPTEMBRE M DCC IV,
PEINTRE DV ROI,
CONSEILLER DE L'ACADÉMIE ROYALE
DE PEINTVRE ET DE SCVLPTVRE DE PARIS
ET HONORAIRE
DE L'ACADÉMIE DES SCIENCES ET BELLES-LETTRES D'AMIENS;
BIENFAITEVR
DE CES DEVX ACADÉMIES,
ÉMVLE DE LA NATVRE
DANS SES PORTRAITS;
PÈRE DES ARTS
DANS L'ÉTABLISSEMENT
DE L'ÉCOLE ROYALE GRATVITE DE DESSIN
DE CETTE VILLE;
PÈRE DES PAVVRES
DANS LES FONDATIONS
POVR LES PAVVRES FEMMES EN COVCHES
ET
POVR LES PAVVRES VIEVX ARTISANS;
BON PARENT,
BON AMI,
BON CITOYEN,
ESPRIT IVSTE ET ORNÉ,
CŒVR DROIT ET GÉNÉREVX,
ORNEMENT ET SOVTIEN
DE L'HVMANITÉ
MORT LE XVII FÉVRIER M DCC LXXXVIII
DANS LA LXXXIVe ANNÉE DE SON AGE.
LES ADMINISTRATEVRS DE SES FONDATIONS
DANS CETTE VILLE
ONT ÉRIGÉ CE MONVMENT
DE REGRETS
ET
DE RECONNAISSANCE.

Le 4 mai 1791, une proposition était agréée tendant à faire transporter l'épitaphe de l'église Saint-André en la Collégiale. Le 15, il fut procédé à la cérémonie. Elle est ainsi racontée par le secrétaire du Conseil général de la commune :

Ce jourd'hui quinze may mil sept cent quatre-vingt-onze dix heures et demie du matin, le Conseil général de la commune de la ville de Saint-Quentin et Messieurs composant les membres du bureau de M. Delatour, M. Prudhomme, professeur de l'École royale gratuite de dessin, et les élèves, assemblés en la Chambre du Conseil de l'hôtel commun, suivant l'invitation faite par les commissaires du Conseil général, pour assister au service solennel qui doit se faire aujourd'hui à onze heures en l'église paroissiale de Saint-Quentin pour le repos de l'âme de feu Maurice-Quentin Delatour, peintre du roy, conseiller de l'Académie royale de peinture et sculpture, membre honoraire de l'Académie d'Amiens, citoyen de cette ville de Saint-Quentin et fondateur de l'École royale gratuite de dessin et des bureaux de charité, y joint pour la translation de son épitaphe de l'église de Saint-André en celle paroissiale dud. Saint-Quentin, sont descendus de l'Hôtel de Ville, MM. les Officiers municipaux ayant la droite, l'administrateur du bureau la gauche, et sont allés à l'église de Saint-Quentin, ont pris les stalles hautes à gauche en entrant, partie de l'administration entremêlée avec MM. les Officiers municipaux, M. Delatour, ancien gendarme et chevalier de l'Ordre royal militaire de Saint-Louis, frère du défunt, à côté de M. le Maire ; le Tribunal de commerce ensuite, et après MM. les notables de la commune. De l'autre côté étoient placés sur les hautes stalles MM. les administrateurs du District, MM. du tribunal du District, le juge de paix de la première division, ses assesseurs, et ensuite le juge de paix de la deuxième division et ses assesseurs. Au fond de la nef et à l'entrée de la porte, étoit placé un cataphalque érigé avec pompe. Il avoit vingt-cinq pieds de hauteur sur un sol de quinze pieds de largeur, duquel partoient deux rangs de gradins pour arriver au premier plancher, sur lequel s'élevoit un baldaquin décoré d'étoffe noire à bandes et frange blanche retroussée, dans le milieu desquels pendoient trois riches lampes d'argent ; les quatre montans garnis de même étoffe étoient semés de larmes et formoient quatre colonnes à bouffetées. Sous ce baldaquin étoit posé sur un piédestal le buste de feu M. Delatour ; sur le derrière se groupoit une figure de six pieds de proportion, représentant la Ville de Saint-Quentin gémissant sur l'urne funéraire des cendres de cet illustre fondateur et ayant à côté d'elle son écusson qui la désignoit. Au haut de ce baldaquin, formant ce second plancher, étoit aux quatre coins quatre beaux vases blancs et un sarcophage élevé couvert d'un riche drap mortuaire ; sur le devant de ce cataphalque étoit posée l'épitaphe où le public y lisoit avec admiration les nombreuses fondations de ce citoyen ; huit rangées de cierges en forme piramidale, ainsi que quatre grands ayant quatre angles, d'une hauteur majestueuse, formoient le luminaire et terminoient l'ensemble de ce monument.

Pendant la messe de *Requiem*, célébrée par M. le Curé et chantée par le chœur, Mademoiselle Éléonore Hautoy, invitée à cet effet par MM. les Officiers, conduite par M. le Maire, a fait la quête, dans le chœur et l'église, au profit du bureau des femmes en couches.

Après la messe, il fut chanté un *Libera*, et ensuite le Conseil général s'est formé en haye sous la voûte des cloches et a salué tous les assistants qui sortoient, ainsi qu'un détachement de la garde nationale.

De retour à l'Hôtel de Ville, M. Delatour a fait un discours plein de candeur et de sensibilité qui fit grand plaisir à tous les auditeurs, et à l'instant M. Delatour a été prié de le remettre sur le bureau pour transcrire à la suite de ce présent procès-verbal.

Fait et rédigé lesdits jour et an.

Cambronne-Dartois, Fouquier, Cholet, Grebert,
Delanchy, Dupuis, Neukome.

DISCOURS DU CHEVALIER DE LA TOUR

Messieurs,

Si de son vivant mon frère a été assez heureux pour pouvoir de ses épargnes fonder un établissement utile à sa patrie et un bureau de soulagement pour la classe la plus indigente de ses concitoyens; vous, Messieurs, qui par vos places autant que par le cœur en êtes les pères, vous en récompense, après sa mort, bien au delà de l'étendue de ses bienfaits, en ne cessant de donner à sa mémoire les preuves les plus convaincantes de vos regrets, de votre estime et du plus tendre souvenir, ces preuves si souvent répétées, Messieurs, à surveiller l'École de dessin, et votre impartialité dans la distribution des secours que vous n'accordez jamais qu'aux plus nécessiteux, ont pénétré jusqu'au fond de mon âme et y resteront gravés en caractères inéfaçables. Daignez donc, je vous prie, Messieurs, être bien persuadés de toute ma sensibilité pour tout ce que la reconnaissance vous a fait faire jusqu'à présent pour lui et pour les nouveaux honneurs que vous venez encore aujourd'hui de décerner à ses mânes; pour mettre le comble à tant de bonté, Messieurs, faites-moi la grâce d'agréer mes respectueux hommages comme un tribut de ma vive et sincère reconnaissance et de recevoir mes très humbles remercimens.

Le 4 mai 1856, la ville de Saint-Quentin élevait une statue en bronze, due au sculpteur Lenglet, à la mémoire de Maurice-Quentin De La Tour. A l'issue de l'inauguration, une représentation eut lieu à laquelle prirent part des artistes du Théâtre-Français; on y joua notamment une comédie en un acte et en prose d'Arsène Houssaye : *Le Duel de La Tour*. Les personnages de cette aimable saynète étaient : La Tour ; Perroneau ; M. de La Popelinière, fermier général; Mademoiselle Faye (Fel); Rose, sa sœur, et Othello, négrillon de M. de La Popelinière. Enfin la ville de Saint-Quentin célèbre avec solennité, au mois de septembre 1904, le deuxième centenaire de son fils le plus justement glorieux.

V

L'ÉCOLE DE DESSIN ET LE MUSÉE

Cinq volumes in-folio gardent les délibérations du Bureau d'administration de l'École de dessin fondée par La Tour. La première délibération est du 29 avril 1782, et on y voit que la nomination de ce Bureau eut lieu avec le plus grand cérémonial.

MM. le Mayeur et les Échevins, en grand costume de député de corps, s'assemblèrent dans la Chambre du conseil; puis, après un temps suffisant, les portes furent fermées et gardées, suivant l'usage, par les agents de ville. L'assemblée composée, chacun selon son rang, maître Jacques André Mallet, greffier, se leva et requit qu'il plût à Messieurs d'ordonner la lecture et l'enregistrement des lettres patentes, ce qui fut fait. MM. les députés des corps exposent au mayeur les actes de députation pour être examinés : MM. les officiers de la justice ordinaire, MM. les officiers de l'élection, MM. les officiers des foraines, MM. le juge et consuls ou la juridiction consulaire, MM. les avocats, MM. les procureurs, MM. les notaires, MM. les marchands de toile, MM. les mayeurs d'enseigne et prudhommes, MM. les officiers du grenier à sel, médecins, chirurgiens et apothicaires ensemble, marchands merciers, drapiers, marchands épiciers et orfèvres, marchands de fer n'ayant pas député.

On pria M. De La Tour, chevalier de Saint-Louis, frère du fondateur, d'accepter la place de premier notable du Bureau, « le suppliant de faire passer à mondit sieur De La Tour, son frère, la servibilité de tous les citoyens de cette ville ». Les autres notables nommés furent M. Fromaget, négociant; Philippe d'Estrez, lieutenant du point d'honneur; Paulet, négociant; Desjardins, avocat; Le Loup, architecte. M. Rigault, médecin-physicien de la marine, fut nommé secrétaire.

Enfin le Bureau était complété par le mayeur et les échevins.

La première réunion du Bureau ainsi désigné est du 24 mai 1782. Le registre n° 1 prend fin par le règlement de quelques affaires et dettes le 25 fructidor an II (29 août 1793).

Le deuxième volume va du 7 frimaire an XII au 9 juillet 1829. Le troisième volume va du 19 juillet 1829 au mois de novembre 1857. Le quatrième volume s'ouvre le 1er février 1858 pour se terminer le 29 mars 1888. Le cinquième volume, en cours, s'ouvre le 12 mai 1888.

Les secrétaires du Conseil d'administration de l'École, depuis l'origine, ont été au nombre de neuf. Au premier en date, M. Rigault, succéda M. Delorme, député au Corps législatif. Lorsque survint la réorganisation de frimaire an XII, — l'École avait été fermée pendant la Révolution, — M. Charlet-Viéville prit les fonctions de secrétaire. Puis vinrent MM. Esmangard, Quentin Dufour, le chevalier Bucelly d'Estrées, Félix Mennechet, J. Coutant et P. Delcroix, administrateur-secrétaire actuel, à la bonne grâce de qui on ne s'adresse jamais vainement.

Les deux premiers professeurs furent nommés par La Tour. On ne sait rien du premier, appelé Delaval, sinon que ses émoluments étaient de neuf cents livres, et qu'il resta à son poste de 1782 à 1784. Le second, Jérôme Prudhomme, politicien plus encore que professeur, était un peintre médiocre. Il fit partie de l'Académie de Saint-Luc. Son traitement fut porté à quinze cents livres, La Tour ayant fait une nouvelle donation à l'École. Les autres professeurs venus ensuite sont : MM. Poirée, Bonvoisin, Pingret, Lemasle, Deligne, Duquesne, Degrave. Leur traitement a été porté successivement, grâce aux libéralités de M. Bellot, compatriote de La Tour, de la Ville, des industriels de Saint-Quentin et de l'État, de quinze cents francs à deux mille francs et enfin à cinq mille francs. A la mort de La Tour, le choix des professeurs échut à l'Académie ; il en est de même aujourd'hui, le ministre de l'Instruction publique et des Beaux-Arts se bornant à ratifier ce choix.

L'École de dessin fondée par La Tour est propriétaire, ainsi que les hospices de cette ville, des pastels qui sont l'honneur de Saint-Quentin. L'histoire est connue de la vente tentée vainement, en 1812, à Paris, après la mort du chevalier François De La Tour, survenue le 14 mars 1807, et suivant les indications fournies par son testament du 20 septembre 1806. Cette vente, qui devait augmenter les ressources de l'École et du Bureau de charité ne donna aucun résultat. Le catalogue disait : « Tous les tableaux au pastel sont fixés par l'auteur et sont d'une fraîcheur comme s'ils venaient d'être peints; ils sont regardés et estimés par les plus grands connaisseurs des chefs-d'œuvre uniques en ce genre, que l'auteur a portés au plus haut degré de perfection ; sa grande réputation en est la preuve convaincante. »

Deux pastels trouvèrent acquéreur à vingt et vingt-cinq francs. Pour le portrait de Jean-Jacques Rousseau, offert à trente francs, il n'y eut pas amateur au delà de trois francs. On le retira de la vente, et M. Joly, maire de Saint-Quentin, l'acheta moyennant cent cinquante et un francs. Mais M. Joly ayant fait de mauvaises affaires, il ne put payer son Rousseau. Le pastel fut réclamé aux héritiers qui le rendirent.

Le Conseil d'administration de l'École décida de garder les pastels qui formaient le principal du legs de François De La Tour, et qui, depuis, constituent cet admirable Musée qui, à Fervacques ou dans les trois salles de l'Hôtel Lécuyer où ils prirent place en 1886, attirent le visiteur épris de la frivolité du xviiie siècle, de la grâce, de la vie et de la passion que le fils de Me François fixa sur ces feuilles désormais immortelles.

Avant de dire l'impression qu'on ressent devant les pastels du Musée de Saint-Quentin, il n'est pas inutile de s'arrêter à l'incident, au scandale, si l'on veut, qui mit en émoi le Conseil d'administration de l'École en 1835. Le fait est d'importance.

M. Lemasle, professeur de l'École, ayant succédé à M. Pingret, se vit réclamer une somme de quatre mille francs que son prédécesseur estimait lui être due. Un procès suivit, où M. Pingret fut débouté. L'affaire était oubliée, quand le Conseil de l'École reçut communication d'une lettre adressée par M. Pingret au général baron de Galbois, commandant le département de l'Aisne, et dans laquelle M. Lemasle était formellement accusé d'avoir substitué des copies à certains pastels originaux de La Tour, qui auraient été vendus à l'étranger par le professeur infidèle.

Le Conseil refusa de suivre l'affaire; mais M. Lemasle, mis au courant, réclama par tous les moyens une réparation. De guerre lasse, il s'adressa au ministre de l'Intérieur, et, sur son intervention, il fut procédé à un récolement qui aboutit, le 16 juillet 1835, à des conclusions favorables à M. Lemasle. Le rapport des vérificateurs dit :

1° Que les 88 pastels sont identiquement les mêmes que nous avons toujours connus, savoir : MM. Vatin et d'Estrées depuis 1790, et Ch. Quentin depuis 1820, tableaux dont l'inventaire a été fait précédemment par l'administration, le 22 juillet 1822, et signé de MM. Esmangard, Lecaisne, d'Estrées, administrateurs, Bonvoisin et Pingret, professeurs, l'un sortant, l'autre entrant ; et une seconde fois, le 1ᵉʳ février 1830, signé de MM. d'Estrées, Lecaisne et Quentin, à l'époque de l'arrivée de M. Lemasle, professeur actuel ;

2° Que l'ancien cachet de l'administration est demeuré intact et fixé derrière ces tableaux de manière que, sans rompre le cachet, il y a impossibilité de détacher le dessin qui le referme.

Il n'y a aucune raison de ne point tenir pour sérieuses les conclusions de ce rapport. Et cependant on ne peut méconnaître que des copies aient été substituées à certains originaux, à un moment quelconque. Le Musée proprement dit existe seulement depuis 1856. Avant d'entrer à l'Hôtel Lécuyer, les pastels étaient, dans une salle de l'ancienne abbaye de Fervacques, à la disposition du premier venu, qui les pouvait manier au gré de sa fantaisie. Tout le monde sait, à Saint-Quentin, que plus d'une fois on obtint l'autorisation d'emporter des pastels pour en prendre copie. Bien plus, le portrait de Mondonville avec son violon, qui fut retiré de la vente malheureuse de 1812 par M. Paillet, l'huissier-priseur, n'a jamais fait retour à l'École ni au Musée. Il resta chez M. Paillet qui, par testament, demanda qu'on le rendît non aux vrais propriétaires, — ce qui est étrange — mais à la ville de Saint-Quentin. Son gendre, M. Mennechet, écrivit qu'il renverrait bientôt le pastel, mais il n'en fit rien, et Mondonville resta chez son détenteur pendant un demi-siècle. A son tour, d'ailleurs, M. Mennechet vient de le léguer à la Ville. Des difficultés d'ordre général ont empêché celle-ci d'entrer en possession du pastel qui ne sera pas exposé au Musée Lécuyer, propriété de l'École de dessin, mais dans les collections municipales qui doivent trouver place à l'Hôtel de Ville, reconstruit sur les ruines de Fervacques. Ce portrait de Mondonville avait paru au Salon de 1747.

Après cela on ne s'étonnera plus que des originaux aient disparu. Le rapport qui lava M. Lemasle prouve simplement que le dol est postérieur à sa gestion. Peut-être est-il contemporain de l'époque où, entrant à Fervacques, les cadres noirs des pastels furent changés pour des cadres dorés? Le problème est malaisé à résoudre : nous doutons qu'on y parvienne jamais.

TABLE DES MATIÈRES

	PAGES
LA TOUR AU MUSÉE DE SAINT-QUENTIN	1
I. — BIOGRAPHIE DE LA TOUR	9
II. — LES FONDATIONS DE LA TOUR A SAINT-QUENTIN. — LE PRIX LA TOUR A L'ACADÉMIE ROYALE	19
III. — VIEILLESSE DE LA TOUR.	23
IV. — MORT DE LA TOUR. — APRÈS SA MORT	27
V. — L'ÉCOLE DE DESSIN ET LE MUSÉE	33

CATALOGUE DESCRIPTIF DES PASTELS DE LA TOUR

1. — L'abbé Hubert.
2. — Grimod de La Reynière.
3. — Xavier de Saxe.
4. — Le Marquis de Voyer d'Argenson.
5. — Étude.
6. — Louis de Silvestre, le jeune.
7. — Vernezobre.
8. — Madame de La Popelinière.
9. — Dupeuche ou Du Pouche.
10. — Jean Monnet.
11. — M. de La Popelinière.
12. — Jean-Jacques Rousseau.
13. — Dachery.
14. — Charles Parrocel.
15. — Maurice-Quentin De La Tour (par Perroneau).
16. — Manelli.
17. — Charles Marron.
18. — Jean Restout.
19. — Dachery.
20. — M. de Neuville.
21. — Duclos.
22. — Inconnu.
23. — L'abbé Pommyer.
24. — L'abbé Leblanc.
25. — Le Père Emmanuel.
26. — Le Maréchal de Saxe.
27. — François Véron de Forbonnais.
28. — Jeune fille à la colombe.
29. — Jeune fille à la couronne.
30. — Mademoiselle de Tuyll.
31. — Jeune homme buvant.

MAURICE-QUENTIN DE LA TOUR

32. — *Tête penchée.*
33. — *Inconnu.*
34. — *Madame Bocte de Saint-Léger.*
35. — *Louis, Dauphin de France.*
36. — *Inconnu.*
37. — *Inconnue.*
38. — *Portrait* dit *de Chardin.*
39. — *Mademoiselle Puvigné.*
40. — *Jean Monnet.*
41. — *Inconnue.*
42. — *Madame Roussel.*
43. — *Jeune fille.*
44. — *Crébillon.*
45. — *Inconnue.*
46. — *M. de Julienne.*
47. — *Tête de femme.*
48. — *Inconnu.*
49. — *Madame Masse.*
50. — *Inconnu.*
51. — *Le Duc de Bourgogne.*
52. — *Madame du Barry.*
53. — *Inconnu.*
54. — *Inconnue.*
55. — *Inconnu.*
56. — *Inconnue.*
57. — *Le Baron de Breteuil.*
58. — *Inconnue.*
59. — *Pâris de Monmartel.*
60. — *La Camargo.*
61. — *Inconnue.*
62. — *Inconnue.*
63. — *Madame de La Boissière.*
64. — *Mademoiselle Dangeville.*
65. — *Inconnue.*
66. — *Inconnue.*
67. — *Inconnue.*
68. — *Maurice-Quentin De La Tour.*
69. — *Mademoiselle Fel.*
70. — *Tête d'étude.*
71. — *Tête d'étude.*
72. — *Inconnue.*
73. — *Louis XV.*
74. — *Madame de Pompadour.*
75. — *Portrait* dit *de René Frémin.*
76. — *Inconnue.*
77. — *Tête d'étude.*
78. — *Madame Favart.*
79. — *Marie-Josèphe de Saxe, Dauphine de France.*
80. — *D'Alembert.*
81. — *Portrait* dit *du Maréchal de Lowendahl.*
82. — *Madame Rougeau.*
83. — *M. de Moncrif.*
84. — *Madame de Pompadour.*
85. — *La Dauphine et le Duc de Bourgogne.*
86. — *Inconnu.*
87. — *Tête de bouffon.*

CETTE ÉDITION

DE

LA TOUR ET SON ŒUVRE
AU MUSÉE DE SAINT-QUENTIN

a été imprimée

et les planches en ont été gravées et tirées

par

MANZI, JOYANT & Cie

à Asnières-sur-Seine

L'AN 1904

POUR LE DEUXIÈME CENTENAIRE

de la naissance

du Maître

MUSÉE DE SAINT-QUENTIN   PASTELS DE LA TOUR
                              N° 1

L'ABBÉ HUBERT

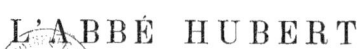

Largeur : 0^m,98. — Hauteur : 0^m,79

Ce n'est pas seulement un portrait, c'est un tableau, d'une composition psychologique aussi savante qu'est la composition lumineuse, — clair-obscur dans la manière de Rembrandt.

L'abbé Hubert, d'origine genevoise, était un grand ami de La Tour, en faveur de qui il fit un testament. Nul doute que la malice du peintre ne s'en fût prise plus d'une fois, en des taquineries amicales, aux manies studieuses de l'homme d'église. C'est ce genre d'*humour* qui aiguisa le pastel, lui fit jeter le pétillement de vie, d'observation railleuse, d'animation spirituelle, qui éclate en cette œuvre extraordinaire.

L'abbé est représenté lisant à la lueur d'un flambeau à deux branches. Mais toute la disposition du tableau nous montre qu'il s'est pris à l'ardeur de cette lecture par un piège de curiosité. Il n'avait dû ouvrir le gros in-folio que pour chercher un renseignement, se remémorer quelque passage à demi oublié. Puis une phrase l'a retenu, ensuite une autre, et maintenant sa passion de lettré le tient, le fixe à cette place, oublieux de tout, même sans doute du point spécial qu'il était venu éclaircir.

L'abbé Hubert reste donc dans la position incommode adoptée pour une minute. Il est non pas même assis, mais accoté sur le coin d'un fauteuil dont on aperçoit perpendiculairement le dossier de bois et de velours vieux rouge. Incliné vers le livre qui repose à la diable sur deux autres volumes, il reçoit en plein visage la clarté d'une des bougies du flambeau ; la seconde, dévorée par un fumeron, a charbonné, coulé, et finalement s'est éteinte, sans que le lecteur s'en soit aperçu. Il ne remarque pas davantage l'odeur que doit répandre la fumée s'élevant de la mèche à l'agonie. Rien de caractéristique et de piquant comme le détail de ce chandelier planté au hasard sur une boîte en carton et tout ruisselant sous les cascades de cire. Plaisante moquerie de la distraction à laquelle sans doute l'abbé se montrait sujet lorsqu'il s'enfonçait dans ses bouquins.

La flamme de la seule bougie qui brûle encore suffit à produire les jeux d'ombre et de lumière qui sont le tour de force de ce tableau, et que le pastel n'avait jamais tentés. Si l'on considère que la frêle clarté se joue sur des objets sombres et ternes comme la reliure des volumes, le drap bleu verdâtre du tapis de table, ou tout à fait noirs comme la soutane de l'abbé, on s'étonnera plus encore qu'avec la pâte délicate de ses crayons, La Tour ait osé s'attaquer à des difficultés pareilles et les ait si triomphalement vaincues.

Tel est ce portrait, d'une habileté d'art et d'une puissance d'évocation déconcertantes, dans la plus extrême simplicité d'effets.

(*Salon de 1742*).

MUSÉE DE SAINT-QUENTIN PASTELS DE LA TOUR
N° 2

GRIMOD DE LA REYNIÈRE

Largeur : 0^m,74. — Hauteur : 0^m,80

Voici le fermier général, le grand financier du xviiie siècle : un portrait qui, ainsi que tant d'autres de La Tour, pourrait être le type d'une classe.

Éclat de jouissance orgueilleuse, de richesse criarde. Face lourde et satisfaite, épaissie du double menton, solennisée par la grande perruque, dont les marteaux poudrés descendent sur un habit de velours rose vif, passementé d'or. Le sourire s'étale sans finesse, en une bienveillance dédaigneuse. L'œil manque de perçant, habitué à considérer les hommes d'après le poids de leurs écus, plutôt qu'à s'enfoncer dans leur âme.

Ce prince de l'argent, père du célèbre gourmet, trône sur un fauteuil de velours frappé bleu, en une attitude de souveraineté tranquille, une main passée dans l'ouverture de l'habit, l'autre appuyée au bras de son siège. Il semble que La Tour, en la dégageant des dentelles qui se rebroussent, ait voulu nous montrer la fine mollesse de cette main oisive, que ne ride le pli d'aucun labeur. Le fin psychologue avait de ces malices, cherchait et mettait en apparence les traits frappants d'un caractère, d'une situation sociale, d'une personnalité.

Il avait le dédain de la fortune sans esprit, et il se plaisait à le faire sentir. Ayant réclamé une dernière séance de pose à M. de La Reynière, La Tour, qui l'attendait, tout disposé à parachever son œuvre, vit arriver un domestique du financier. Celui-ci n'avait pas le temps de venir. « Mon ami, dit La Tour au domestique, ton maître est un imbécile que je n'aurais jamais dû peindre... Ta figure me plaît, assieds-toi là. Tu as des traits spirituels, je vais faire ton portrait. Je te le redis, ton maître est un sot. »

Le domestique perdit sa place, mais La Tour lui en trouva une meilleure, et, suivant la chronique, il envoya au Salon le portrait du valet, tandis qu'il refusait à M. de La Reynière les pastels qu'il avait faits de lui et de sa femme, parce que le fermier général se permettait d'en marchander le prix.

« Les riches doivent payer pour les pauvres », déclarait La Tour, qui réclamait 10,000 francs. Ne les obtenant pas, il garda ces portraits pendant des années.

Plus tard seulement, lassé de voir chez lui ces visages de suffisance, il agréa l'arbitrage de ses collègues Silvestre et Restout, qui lui demandèrent d'accepter 4,800 francs pour les deux pastels.

(Salon de 1751).

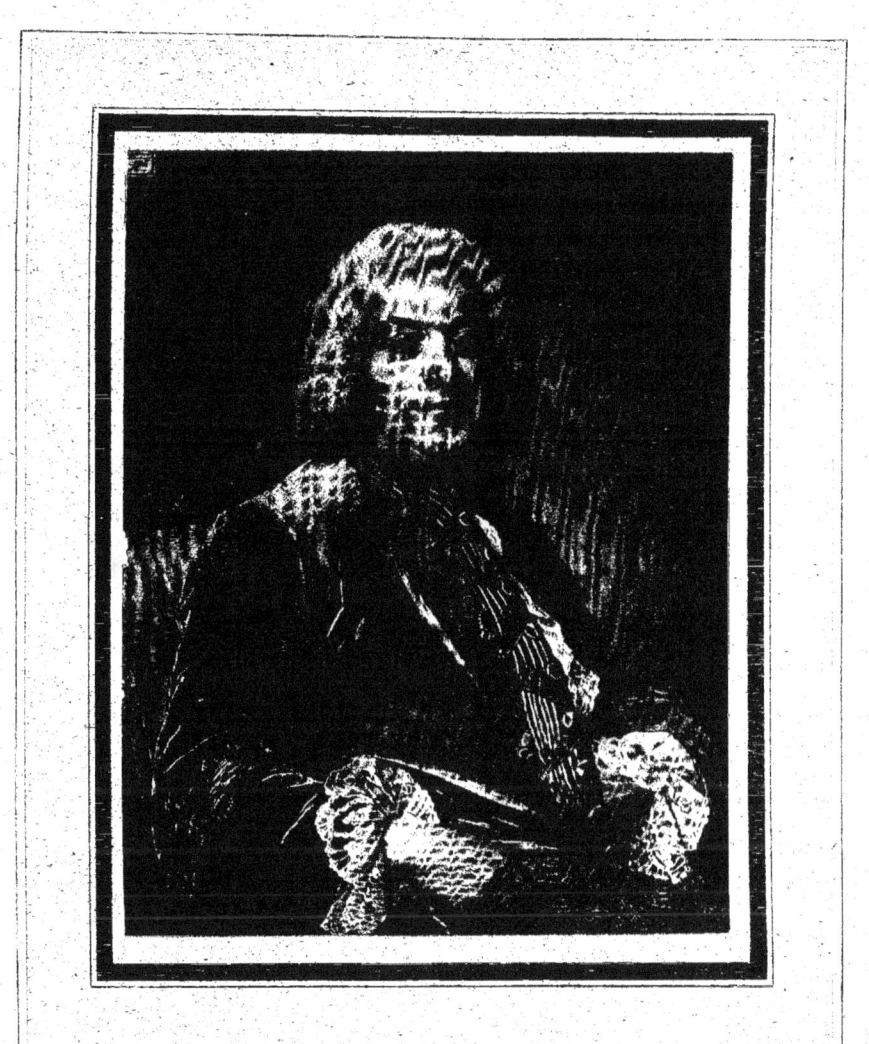

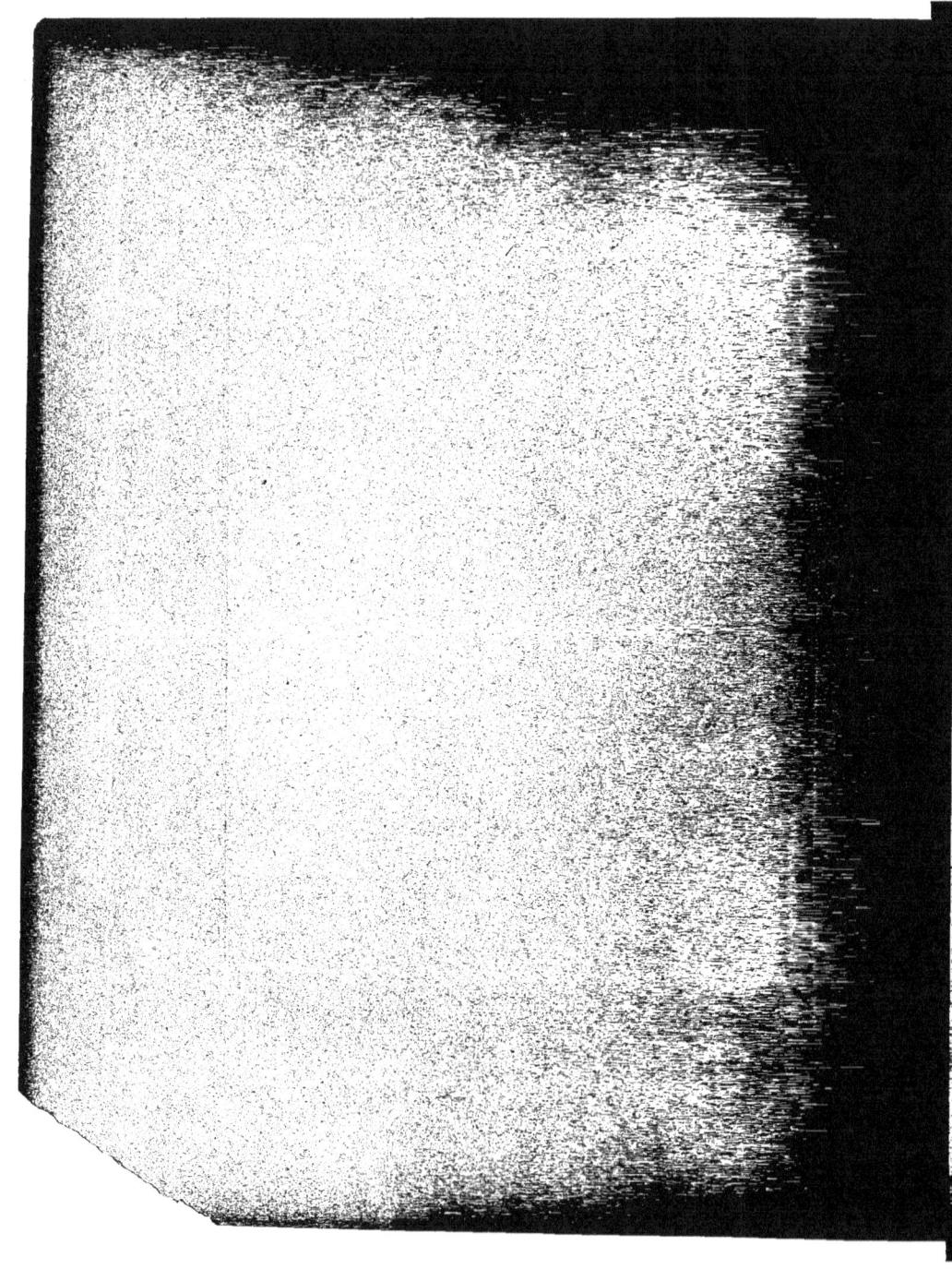

MUSÉE DE SAINT-QUENTIN   PASTELS DE LA TOUR
                                      N° 3

XAVIER DE SAXE

Largeur : 0^m,53. — Hauteur : 0^m,63

Ce prince était frère de la Dauphine, mère de Louis XVI.
Il apparaît, sur le pastel de La Tour, en une figure pâle et hautaine, de race finissante. Très jeune homme, il a une douceur presque féminine, dans la symphonie en bleu de son costume, coupé par un grand cordon, bleu également, du même azur tendre que ses prunelles. L'ovale très long, le nez busqué, la bouche petite, il sourit à peine, avec un peu de lassitude et de timidité.
La Tour, si épris des physionomies significatives, dut peindre avec une certaine pitié la terne mélancolie de ce visage.

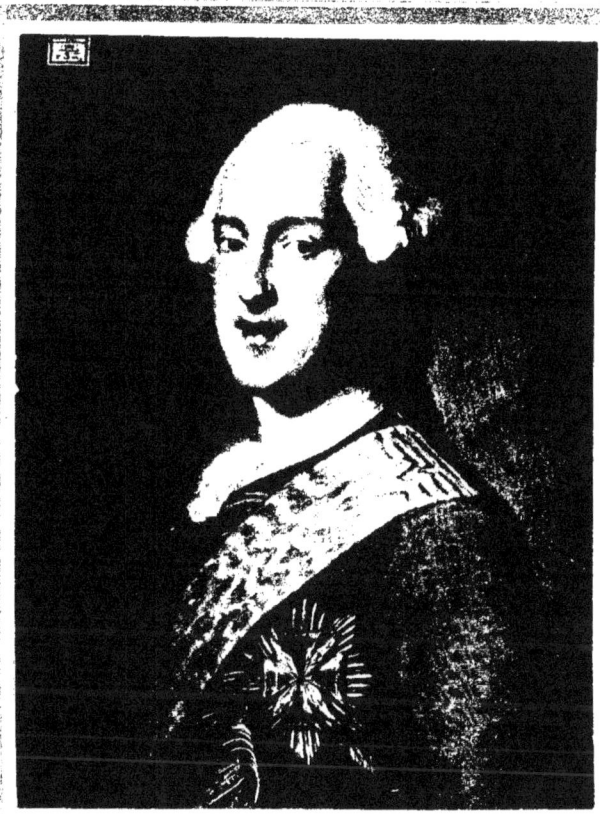

MUSÉE DE SAINT-QUENTIN   PASTELS DE LA TOUR
                                        N° 4

LE MARQUIS DE VOYER D'ARGENSON

Largeur : 0^m,52. — Hauteur : 0^m,64

    Une clairvoyance méconnue imprègne de mélancolie et de fierté l'admirable regard de cette belle figure et le fin retroussis de la lèvre inférieure un peu avancée, d'un dédain si doux. N'était l'énergie tranquille, mais indomptable, des prunelles brunes sous les paupières légèrement abaissées et la fermeté de la bouche, on trouverait la grâce de cette tête presque trop délicate pour la mâle parure de la cuirasse d'acier damasquinée d'or.
    Cette cuirasse est merveilleusement rendue, avec des reflets d'un éclat métallique qu'on croirait interdits à la mollesse du pastel.
    Une cravate noire enserre le col blanc. Les cheveux bruns, sans poudre, sont relevés autour du front et noués par derrière, en queue, par un large nœud de soie noire.
    L'ovale des joues, d'une ligne très pure, est rasé avec un soin qu'on ne peut constater que rarement chez les modèles masculins de La Tour.
    Une élégance absolue de traits, d'attitude et d'expression, fait pressentir chez le soldat l'aristocratique protecteur des arts et le lettré que fut le marquis Louis d'Argenson, honoraire-associé libre de l'Académie royale de peinture et de sculpture et vice-protecteur de l'Académie de Saint-Luc.
    La Tour, à l'encontre de son habitude, n'a mis dans ce portrait, pourtant aussi achevé que ceux de l'abbé Hubert et de Sylvestre, aucun de ces accessoires par lesquels il se plaît à expliquer un personnage. Son sûr instinct psychologique a senti que l'isolement et la hauteur seyaient à cette noble figure : il a su l'empreindre d'un grand charme et d'une grande dignité qu'il a tirés d'elle seule, sans aucun artifice. Il s'est abstenu du pittoresque, qui eût diminué la simplicité hautaine de son modèle, et en ceci il a été, une fois de plus, vrai comme il savait l'être.

    (Salon de 1753).

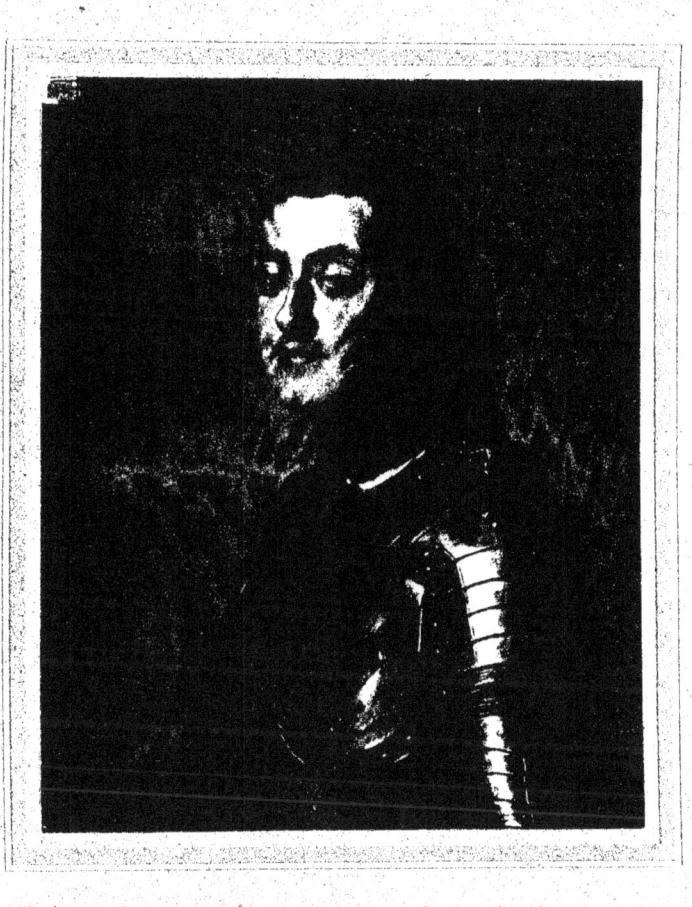

MUSÉE DE SAINT-QUENTIN   *PASTELS DE LA TOUR*
                                   N° 5

ÉTUDE

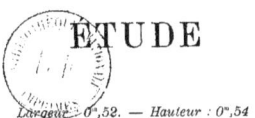

Largeur : 0™,52. — Hauteur : 0™,54

Probablement Diogène tenant une lanterne à la main.

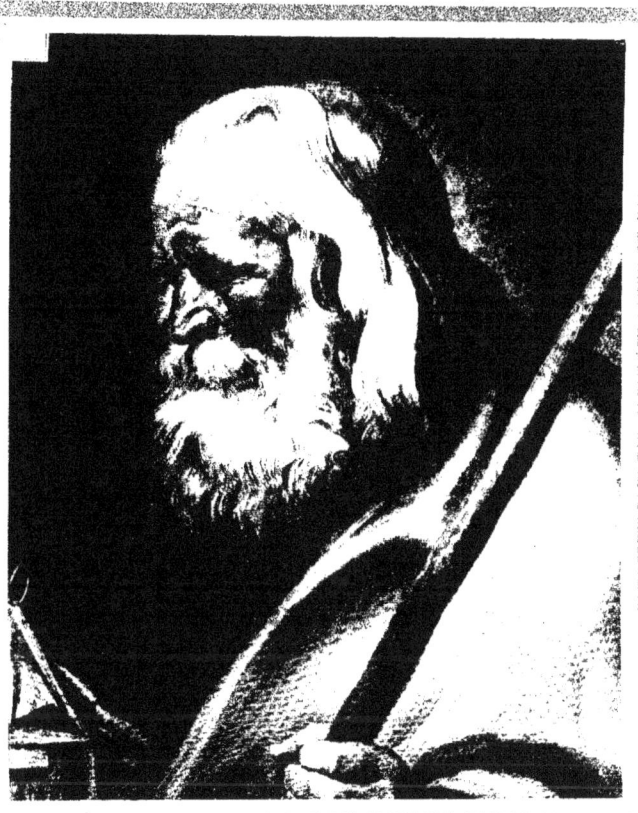

MUSÉE DE SAINT-QUENTIN PASTELS DE LA TOUR
N° 6

LOUIS DE SILVESTRE, LE JEUNE

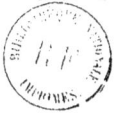

Largeur : 0m,51. — Hauteur : 0m,63

Ce portrait est un des plus admirables de La Tour. Son collègue et ami, Louis de Silvestre, avait soixante-dix-huit ans, lorsqu'il le représenta. C'était un peintre célèbre, dont les succès avaient été surtout remportés à l'étranger : en Pologne, où le roi Auguste III l'anoblit ; à Dresde, dont il dirigea pendant vingt-quatre ans l'Académie de peinture.

Très choyé également à Paris, son lieu de naissance, il fut nommé, le 31 décembre 1701, membre de l'Académie royale, et directeur en 1752.

Sur la physionomie de bonhomie heureuse qu'a reproduite La Tour, on peut lire sinon la supériorité intellectuelle d'un grand artiste, du moins le rayonnement du talent officiel et productif. Ce n'est pas un lutteur qui s'est débattu avec ses rêves, ce vieillard aimable et madré : c'est un bon fabricant de peinture, qui a bien vendu ses produits.

Mais le génie qui manque à sa personne éclate dans cette magie du pastel qui l'évoque. Ce visage d'octogénaire si vivant d'expression et de regard, dans le ravage des chairs amollies, fanées, sillonnées de rides, est le dernier mot de l'art. On ne peut imaginer au delà. Ce n'est plus une image, c'est l'être lui-même. Ces sourcils gris, ces plis du front, ce modelé tremblant des vieilles joues, dont le moindre tressaillement va détruire les lignes incertaines, cette transparence un peu cireuse de la peau, cette bouche qui se rétrécit sur une mâchoire sans doute partiellement dégarnie, les moindres rugosités, le jeu multiplié des ombres, c'est l'œuvre tout entière de quatre-vingts ans d'existence sur une physionomie humaine. On en reste troublé. Le saisissement de la perfection vous étreint.

Comme dans tous les portraits achevés de La Tour, la composition d'ensemble concourt à une généralisation du caractère et du type.

Silvestre, la palette dans sa main gauche, est debout devant son chevalet, en costume d'intérieur : douillette de soie bleu clair à ramages rosâtres, qui s'entr'ouvre sur une chemise molle à jabot, le col déboutonné. L'artiste est coiffé d'un madras mauve, dont le nœud lâche dresse comiquement sa pointe vers la tempe.

Sur le chevalet, une toile encore immaculée envoie son reflet blanc sur le côté gauche du visage ; il en résulte que l'œil placé dans l'ombre, mais qui accroche ce reflet est plus lumineux que l'autre. Le regard prend par ce détail comme une clarté mouvante de vie, une intensité particulière.

(Salon de 1753).

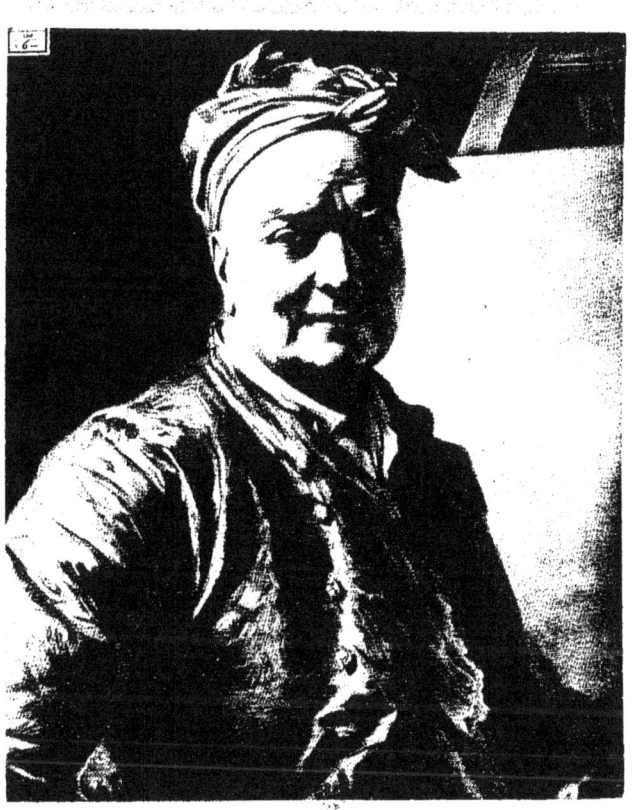

MUSÉE DE SAINT-QUENTIN   PASTELS DE LA TOUR
                                      N° 7

VERNEZOBRE

Largeur : 0^m,50. — Hauteur : 0^m,51

Un des plus beaux pastels de La Tour, mais un modèle bien déplaisant. Visage dur, anguleux, mal rasé, que rend plus rébarbatif encore le hérissement autour du front d'un bonnet de fourrure à calotte de velours rouge.

Ce Vernezobre, longtemps inscrit sur les catalogues comme le marchand de couleurs de La Tour, fut en réalité un de ses obscurs collègues. Sa femme aussi faisait du pastel. Le couple exposait à l'Académie de Saint-Luc. Leurs œuvres n'eussent pas sauvé leur nom de l'obscurité, mais le portrait que La Tour fit du mari les immortalise.

Il semble que le doux crayon du pastelliste, qui reproduisait avec amour les suaves carnations féminines, se soit durci pour rendre cette peau d'ocre, aux plis secs, ces gros sourcils noirs broussailleux, cet âpre regard. En revanche, il a repris tout son moelleux pour le velours bleu de l'espèce de blouse d'atelier dont le peintre est assez richement vêtu. Ce velours très cassé et chiffonné, se nuance délicieusement à toutes les ondulations et présente un relief de trompe-l'œil. Une cravate blanche nouée sous le menton fait ressortir le ton parcheminé de la figure.

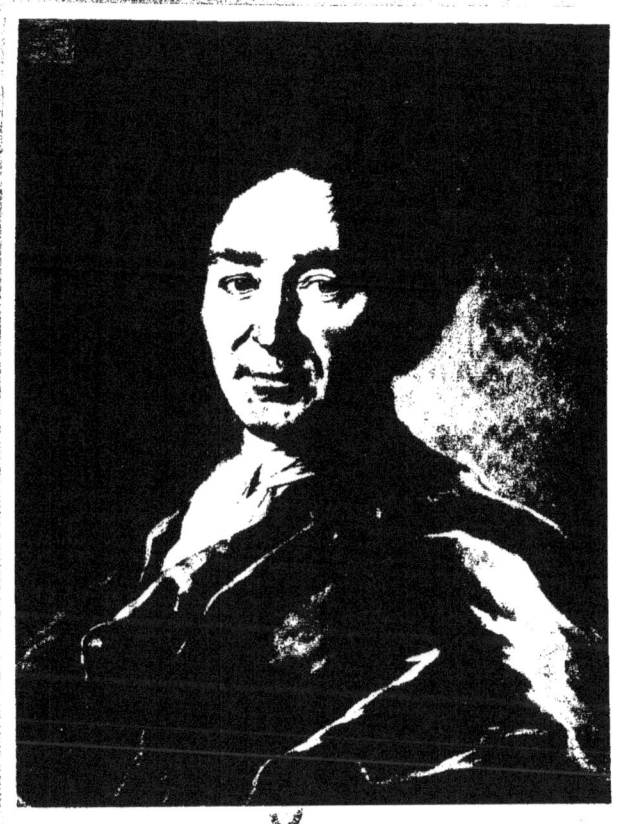

MUSÉE DE SAINT-QUENTIN *PASTELS DE LA TOUR*
N° 8

MADAME DE LA POPELINIÈRE (?)

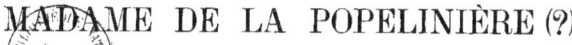

Largeur : 0",53. — Hauteur : 0",68

Ce joli portrait qui, d'ailleurs, n'est pas également fini dans tous ses détails, ne représente d'une façon certaine ni Madame de Mondonville, comme on l'a cru longtemps, ni Madame de La Popelinière.

Il existe chez Madame Jahan-Marcille un pastel authentique de la première qui ne ressemble pas à celui-ci. Et, si l'on en croit l'anecdote qui s'y rattache, il est à supposer que la femme du musicien Mondonville ne posa pas deux fois pour La Tour.

Elle avait désiré avoir son portrait par lui, mais lui avoua qu'elle ne pouvait dépenser à cet effet plus de 25 louis. Sans aucune remarque sur la modicité de la somme, La Tour se mit à l'œuvre avec empressement. Le portrait fut admiré de tous.

Madame de Mondonville, enchantée, envoya au peintre les 25 louis dans une boîte de dragées. La Tour garda les dragées et renvoya les 25 louis. Croyant à une délicatesse de l'artiste, qui ne voulait pas recevoir d'argent, Madame de Mondonville lui fit porter un plat d'argent qui valait bien 30 louis. Le plat fut également renvoyé, et l'on eut le secret de cette attitude quand on apprit que La Tour taxait son travail à 1,200 livres et n'accepterait pas moins.

Le portrait du Musée de Saint-Quentin représenterait plutôt, d'après les Goncourt, Mademoiselle Deshayes, la première Madame de La Popelinière, morte en 1752. Elle avait chanté à l'Opéra, et c'est ce qui expliquerait la partition posée devant elle, et son joli geste de la déchiffrer en pianotant d'une main.

La tête est douce et fine, sans grande distinction ni beauté. Le nez est assez fort, les lèvres minces et pâles. Il y a du calme et du rêve dans les beaux yeux bleus, et aussi dans la pose, une main soutenant le menton.

La toilette offre une recherche de coquetterie : robe rose ouverte sur un devant bleu, qui, décolleté, laisse voir la naissance de la gorge ; ruban bleu au cou, bracelet au bras ; coiffure compliquée de bouclettes sur le sommet de la tête et presque sans poudre.

L'ensemble est d'une couleur délicieuse.

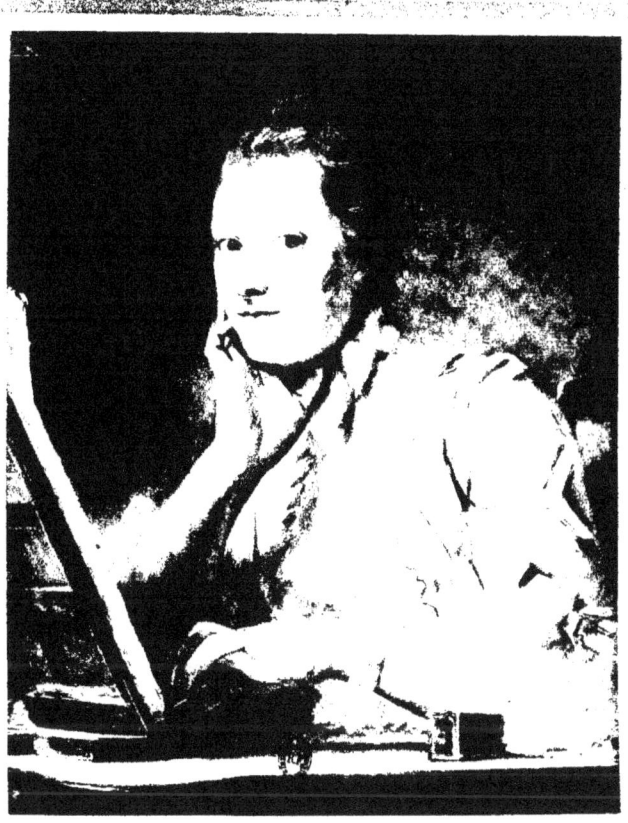

MUSÉE DE SAINT-QUENTIN   PASTELS DE LA TOUR
                                      N° 9

DUPEUCHE OU DU POUCHE

Largeur : 0™,50. — Hauteur : 0™,60

Peintre qui passe pour avoir été un des premiers maîtres de La Tour.
 Debout devant son chevalet, il s'appuie des deux bras au dossier d'un fauteuil en brocart rosâtre. Vêtu d'une veste noire et coiffé d'un bonnet également noir sous lequel apparaît une partie du crâne dénudé, il montre une grosse tête aux traits lourds, où cependant le sourire et les yeux mettent une certaine expression de finesse. Joues massives, pointillées de noir par une barbe mal rasée. Un madras à carreaux bleus dans la main gauche.
 Pastel plein de vie, mais traité d'une façon large et dure.
 (Salon de 1739).

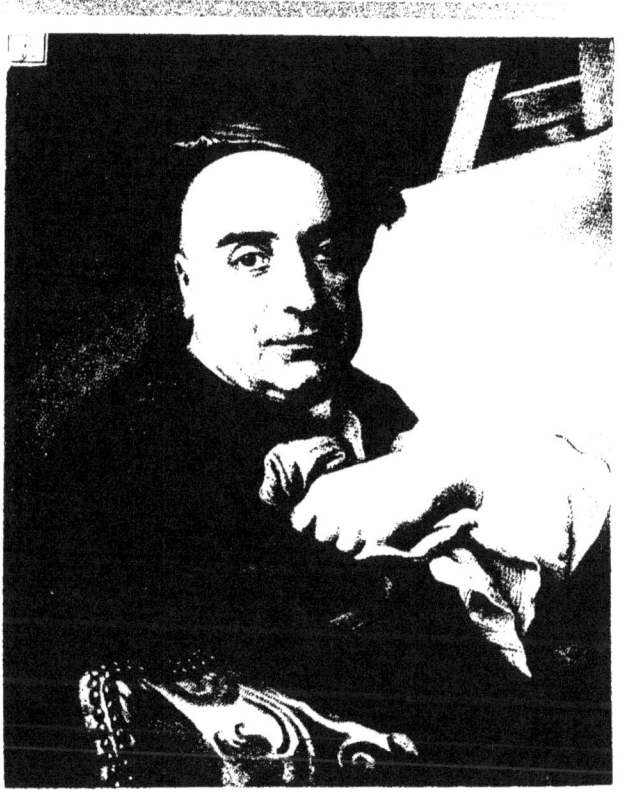

MUSÉE DE SAINT-QUENTIN   PASTELS DE LA TOUR
N° 10

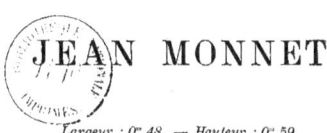JEAN MONNET

Largeur : 0˙,48. — Hauteur : 0˙,59.

Directeur de l'Opéra-Comique.
   Portrait d'une facture minutieuse et achevée. Tête intelligente et réfléchie, regard perçant, bouche ferme et sagace.
   Jean Monnet, dont on ne voit que le haut du buste, sans les mains, est en habit de velours noir, gilet de brocart d'or et jabot de dentelle. Cette dentelle est rendue avec une habileté qui fait illusion. Le chapeau est passé sous le bras gauche. Les cheveux poudrés, attachés sur la nuque par un nœud noir.
   La physionomie est d'une vie intense et la nature morte traitée avec une vérité qui tient du miracle.
   Sous le numéro 40, on trouve une ébauche ou copie de ce beau portrait, mais qui est loin d'en avoir la valeur.
   (Salon de 1757).

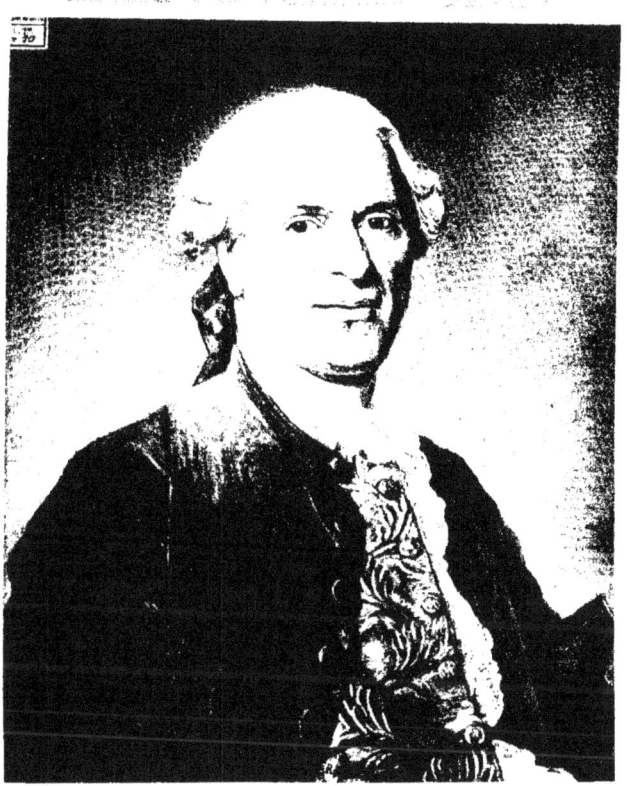

MUSÉE DE SAINT-QUENTIN   *PASTELS DE LA TOUR*
                                              N° 11

M. DE LA POPELINIÈRE

Largeur : 0^m,48. — Hauteur : 0^m,59

Fermier général, grand amateur d'art et surtout de musique. Il avait lui-même composé un opéra : *La Princesse de Navarre*, dont il faisait exécuter des fragments aux réceptions si brillantes et si mêlées de son hôtel de Passy.

La première Madame de La Popelinière — (V. le n° 8) — était une chanteuse de l'Opéra, d'abord la maîtresse, puis la femme du fermier général. L'abbé Hubert ayant déconseillé ce mariage au financier, Madame de La Popelinière le prit en haine, ainsi que tous les Genevois compatriotes de l'abbé. De là l'insuccès de Rousseau dans cette maison si hospitalière aux philosophes et aux artistes.

Sur le pastel de La Tour, le financier nous apparaît avec un visage à la fois anguleux et bouffi, aux traits aigus entre des joues massives. Les yeux sont fins, le nez pointu, la bouche mince. Quelque chose de pincé dans le sourire donne au bas du visage un modelé bizarre. Le blanc neigeux de l'énorme perruque à marteaux fait ressortir le bistre du teint.

M. de La Popelinière porte un habit de velours bleu foncé, un gilet bleu pâle broché de dessins orange, une cravate et un jabot de dentelle.

On ne voit que le haut du buste. Le financier ne se carre pas lourdement dans un fauteuil, comme son collègue de La Reynière (N° 2). Évidemment il pense à son rôle de Mécène d'art et de lettres, adopté avec ostentation, plus qu'à la brutale supériorité de son opulence. Mais la physionomie est équivoque, sans vraie grandeur.

Le pastel est vigoureux et chaud de tons, quoique malheureusement un peu passé.

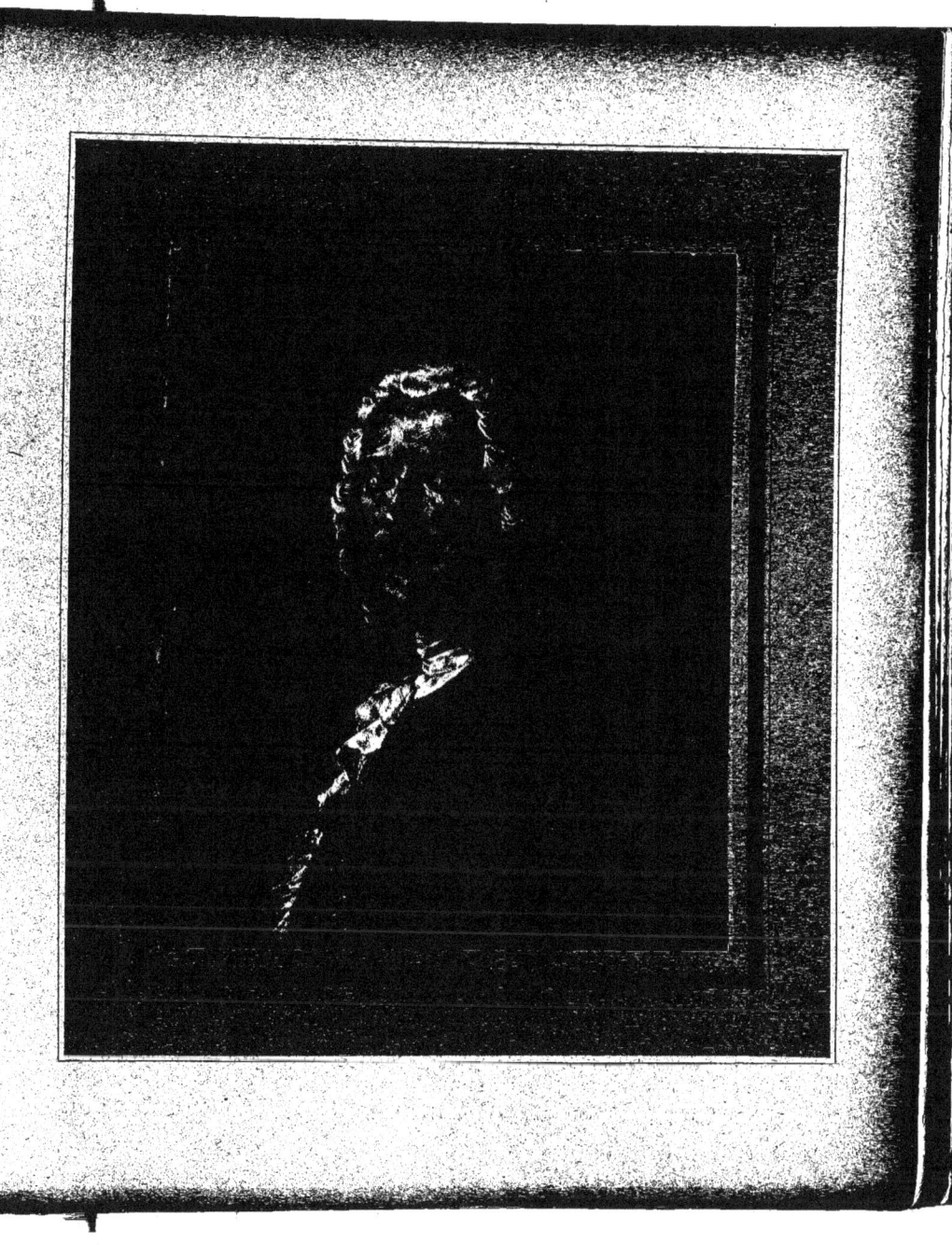

MUSÉE DE SAINT-QUENTIN   *PASTELS DE LA TOUR*
                                          N° 12

JEAN-JACQUES ROUSSEAU

Largeur : 0™,34. — Hauteur : 0™,45

Ce portrait de Rousseau a été diversement interprété suivant qu'on y croyait retrouver le caractère trop connu du philosophe ou l'expression adoucie que La Tour avait voulu lui donner.

C'est ainsi que Bernardin de Saint-Pierre trouve à cette physionomie « il ne sait quoi d'aimable, de fin et de touchant », tandis que M. Maurice Barrès y voit « un mélange de jalousie et de dédain, mais de dédain très particulier, qui blâme et salit tout ».

Jean-Jacques annonça le secret de ces discordances actuelles ou futures dans le quatrain suivant :

> Hommes savants dans l'art de feindre,
> Qui me prêtez des airs si doux,
> Vous aurez beau vouloir me peindre,
> Vous ne peindrez jamais que vous.

Rien ne fut jamais plus juste. La Tour, dont la nature heureuse et insoucianste ne pouvait pénétrer l'âme tourmentée du philosophe genevois, lui prêta certainement un peu de sa propre philosophie, superficielle et douce. Rousseau avait atteint la quarantaine lorsqu'il posa devant le célèbre pastelliste. Or, même dans sa jeunesse dévorée de trop âpres espérances, il ne dut jamais avoir cette expression tendrement plaintive, cette suavité de mélancolie.

La tonalité même du pastel semble mal choisie, toute en une gamme de gris éteints pour ce possédé de génie que son rêve dévastait au lieu de le consoler, pour ce haineux amant du bonheur et de la beauté.

On n'aperçoit que le haut du buste de Rousseau assis sur une chaise à dossier de bois. Il est vêtu d'un habit et d'un gilet gris. Son jabot de batiste uni et la poudre de sa perruque sont d'un blanc grisâtre. Les joues mal rasées offrent une coloration presque semblable. Dans tout ce gris éclate la lumière brune de deux yeux charmants sur lesquels la paupière inférieure remonte un peu par un plissement de tristesse attendrissante.

Le sourire aux coins retroussés comme celui des belles dames radieuses que La Tour aimait à peindre n'a jamais dû être le sourire de Rousseau.

Tel qu'il est, ce pastel nous présente des traits sans doute exacts, et une image bien séduisante. Mais il a le défaut de son charme même.

La Tour, dont le crayon fut parfois énergique jusqu'à la rudesse, comme dans les portraits de Vernezobre, de Dupeuche, n'eut pas la même compréhension ou la même franchise en face de Rousseau. Peut-être voulait-il ménager cette âme chagrine, lui rendre à elle-même sa mélancolie plus accueillante. Il y réussit. Ce portrait procura une vraie joie au philosophe comme on peut le voir dans les *Confessions*.

(Salon de 1753).

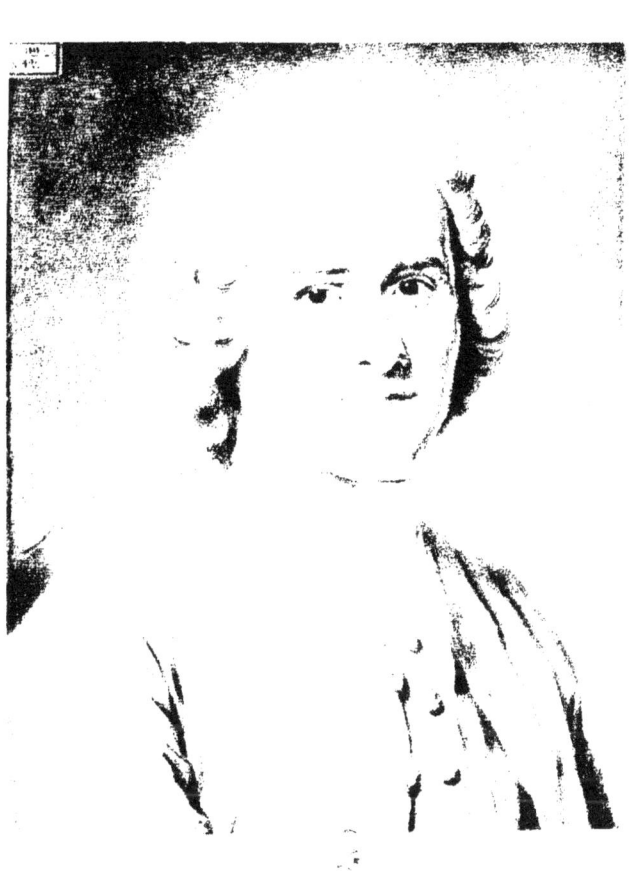

MUSÉE DE SAINT-QUENTIN *PASTELS DE LA TOUR*
N° 13

DACHERY

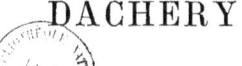

Largeur : 0",34. — Hauteur : 0",45

Né à Saint-Quentin, fut le camarade d'école et de collège de La Tour.

Il s'adonna aux études historiques, et son portrait nous montre un visage vieilli de bénédictin.

Costume simple de savant : habit gris boutonné, cravate blanche sans nœud. Cheveux sans poudre, éclaircis et grisonnants, partagés par une raie au milieu et bouclant autour des oreilles.

Ces cheveux de vieillard, d'une légèreté presque impalpable et comme usés par le lent affleurement des années, sont d'une vérité merveilleuse : un souffle, et ils s'envoleraient autour du visage méditatif.

La physionomie est austère et fermée. Mais, pour ce modèle peu attrayant, La Tour a mis en jeu toutes les délicatesses de son art. Il a rendu les plis, les rides, les transparences jaunâtres de cette figure âgée, rébarbative, avec le même scrupule que les jeux de lumière dans les fraîches carnations de ses plus gracieuses inspiratrices. Et il prépara ce portrait avec la même conscience, comme le prouve l'ébauche, déjà poussée assez loin, qu'on voit sous le numéro 19.

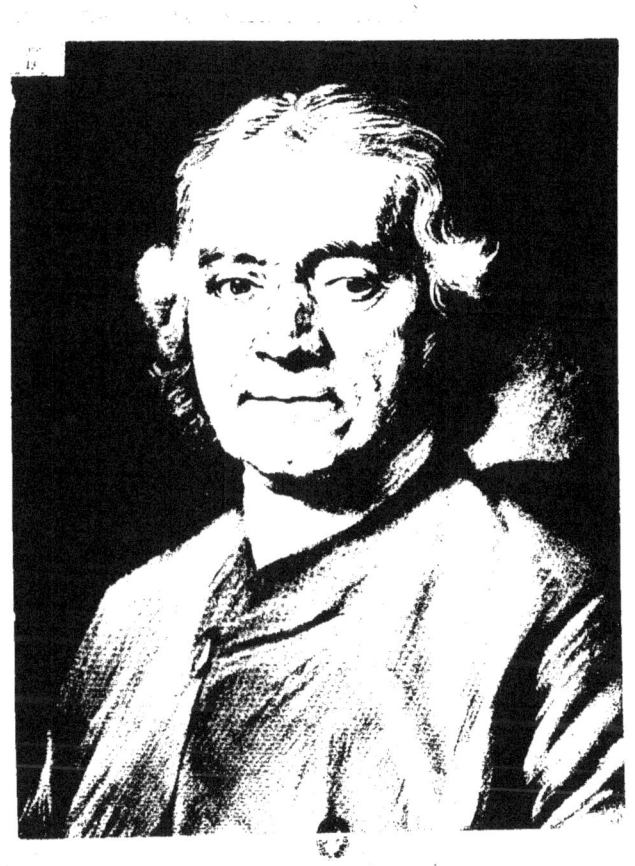

MUSÉE DE SAINT-QUENTIN   *PASTELS DE LA TOUR*
                                              N° 14

CHARLES PARROCEL

Largeur : 0˝,44. — Hauteur : 0˝,56

Peintre militaire, dont il reste quelques œuvres intéressantes aux musées de Versailles, d'Amiens, d'Orléans, de Grenoble, et des dessins au Louvre. Saint-Quentin conserve de lui deux sanguines qui faisaient partie de la collection de La Tour.

Le pastel nous le représente avec une lourde tête, aux traits gros, aux yeux pâles et mouillés, à la bouche sinueuse entre des joues massives, couperosées aux pommettes.

Il est coiffé d'une perruque poudrée à marteaux, et vêtu d'un habit noir, ouvert sur un jabot de mousseline unie.
(Salon de 1743).

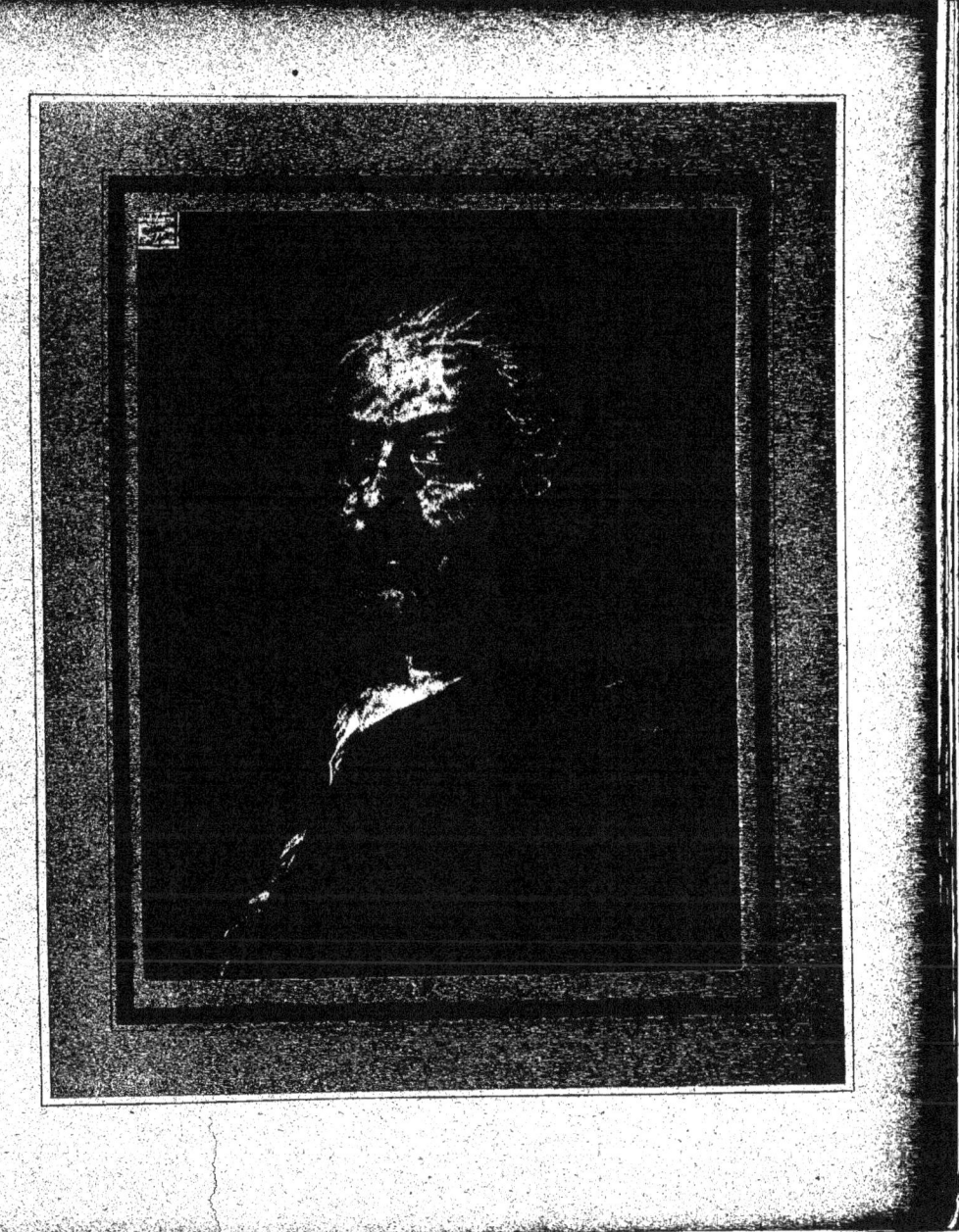

MUSÉE DE SAINT-QUENTIN *PASTELS DE LA TOUR*
N° 15

MAURICE-QUENTIN DE LA TOUR

PAR PERRONEAU

Largeur : 0m,48. — Hauteur : 0m,56

Ce portrait est l'œuvre du pastelliste Perroneau, rival de La Tour de leur vivant à tous deux.
Perroneau nous montre un La Tour « en Surtout noir », pimpant, poudré, chamarré, dédaigneux, bien différent des portraits joyeux, et simples où le grand pastelliste se représente lui-même.
Le visage pâli accrédite la légende d'après laquelle La Tour aurait posé exprès un lendemain de plaisir, pour qu'on ne trouvât pas l'animation de la vie dans l'œuvre de son rival.
Ce pastel est sec et froid, avec des coups de crayon noir durcissant la lèvre.
La nature morte y est minutieusement traitée, jusqu'aux plus subtils détails, comme ces grains de poudre tombés de la perruque sur le velours gris de l'habit. La Tour porte un gilet rose brodé d'or et un jabot de dentelle.
Le contraste de cette tenue de cour avec la tête rase coiffée du bonnet d'atelier, qui surgit dans un éclat de vie si extraordinaire de l'autre côté du mur, ne laisse pas que d'être amusant.
(Salon de 1750).

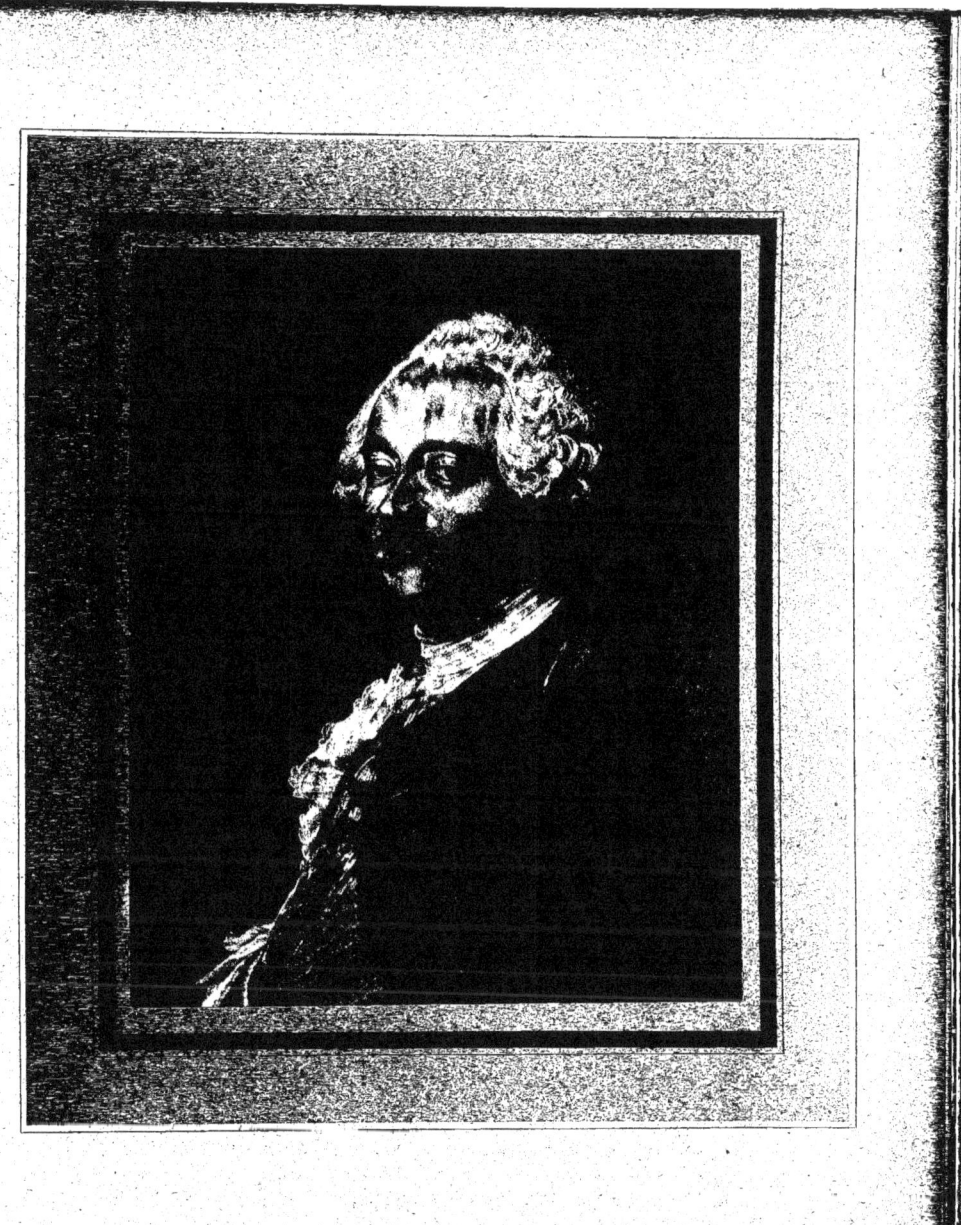

MANELLI

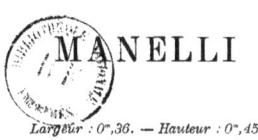

Largeur : 0^m,36. — Hauteur : 0^m,45

Cette tête de bouffon ricaneur sous la perruque exagérée est pétillante de comique burlesque. L'éclat du costume de théâtre, habit de velours bleu brodé d'or, ruban rose noué autour du cou, et dont le bout semble flotter en avant du cadre, ajoute à l'illusion de gaieté, de vérité.

Manelli était le premier sujet de la troupe des chanteurs italiens qui, en 1752, vint en France pour opposer à l'Opéra sérieux le genre bouffe, très à la mode au delà des Alpes. La ville et la cour se divisèrent aussitôt en deux camps : les Lullistes et les Bouffonistes. La querelle qu'on appela la « Guerre des Bouffons » prit un caractère d'acharnement particulier.

Madame de Pompadour s'étant déclarée pour la musique française, une cabale s'organisa contre les bouffons italiens, qui furent obligés de quitter la France en 1754.

(Salon de 1753).

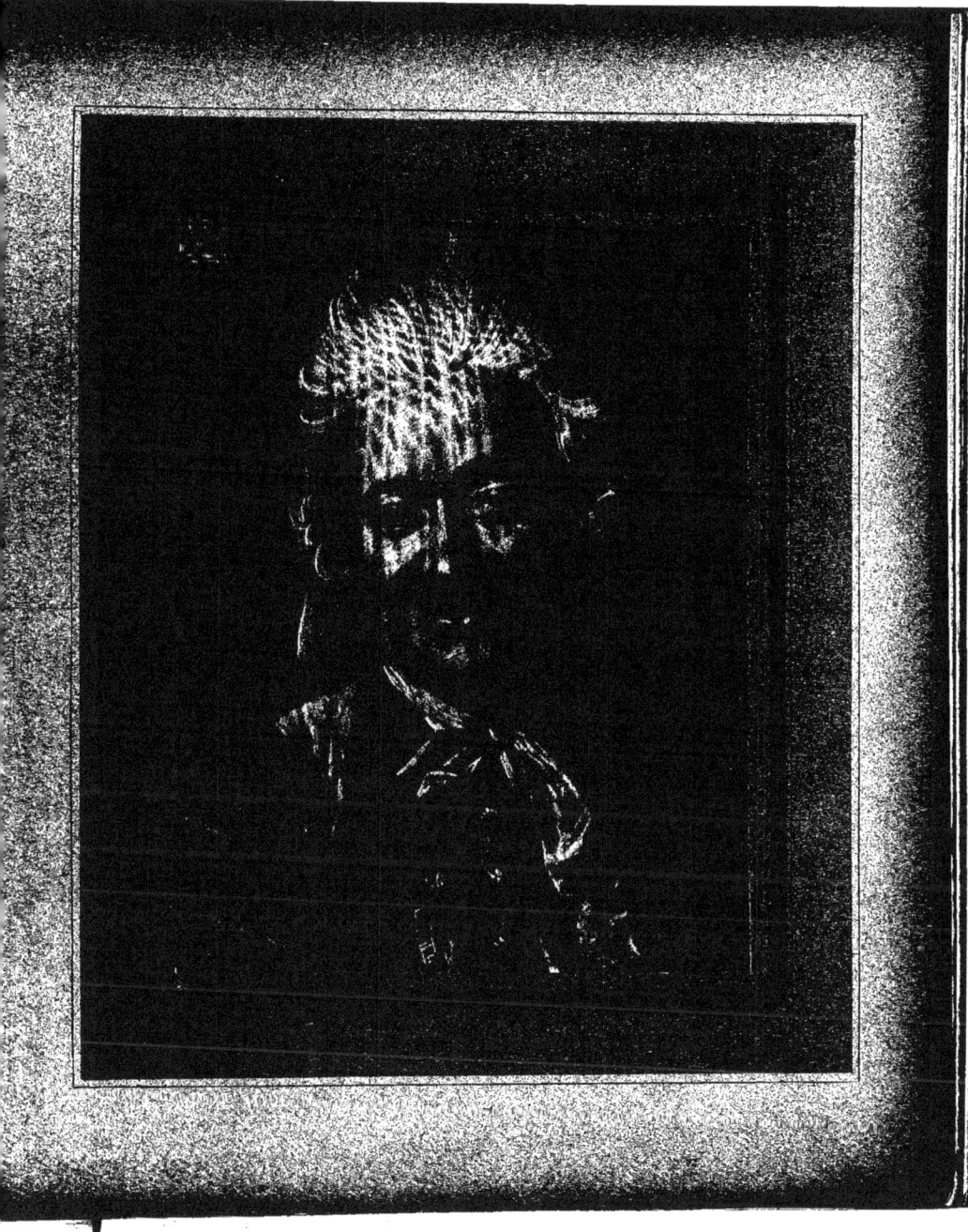

MUSÉE DE SAINT-QUENTIN					PASTELS DE LA TOUR
													N° 17

CHARLES MARRON

Largeur : 0^m,35. — Hauteur : 0^m,45

Avocat au Parlement.

Figure placide, au sourire voulu, aux yeux trop fixes. Perruque poudrée, habit de velours noir, cravate blanche et jabot de dentelle.

Pastel fatigué, mais où le modelé est encore remarquable.

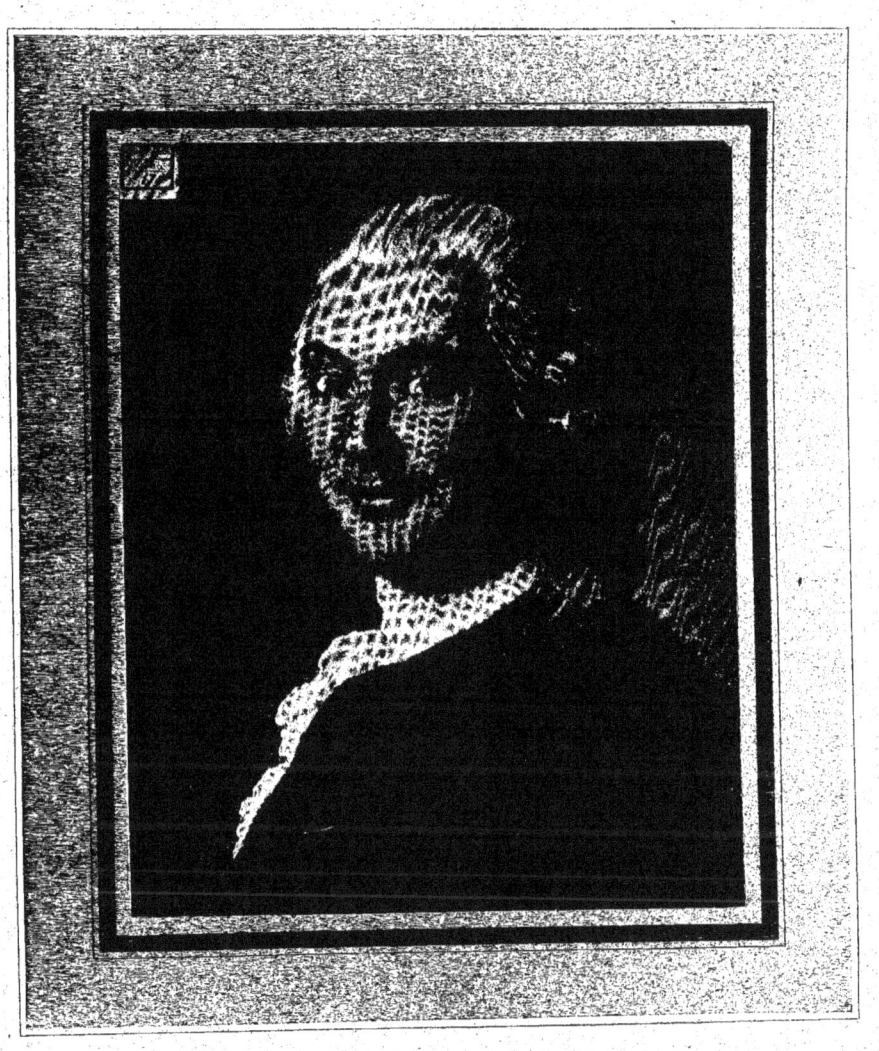

MUSÉE DE SAINT-QUENTIN   *PASTELS DE LA TOUR*
                           N° 18

JEAN RESTOUT

Largeur : 0m,31. — Hauteur : 0m,41

Ce peintre, qui atteignit à une grande célébrité, était l'ami de La Tour et son collègue à l'Académie. Il illustra toute une dynastie d'artistes, dont le plus grand nombre restèrent dans l'ombre ou tombèrent dans l'oubli.

Le Louvre, Versailles, Fontainebleau, d'autres musées de province et de l'étranger gardent des œuvres de Jean Restout.

La Tour a rendu avec un peu de dureté sa physionomie spirituelle et énergique. Les yeux étincellent, un sourire narquois serre la bouche et pince les narines. La figure est encadrée dans une grande perruque, dont une boucle finale se déroule très bas de chaque côté, sur l'habit gris, au-dessous de la cravate blanche.

Cette préparation, d'une facture un peu brusque, est d'une grande intensité de vie.

(Salon de 1738).

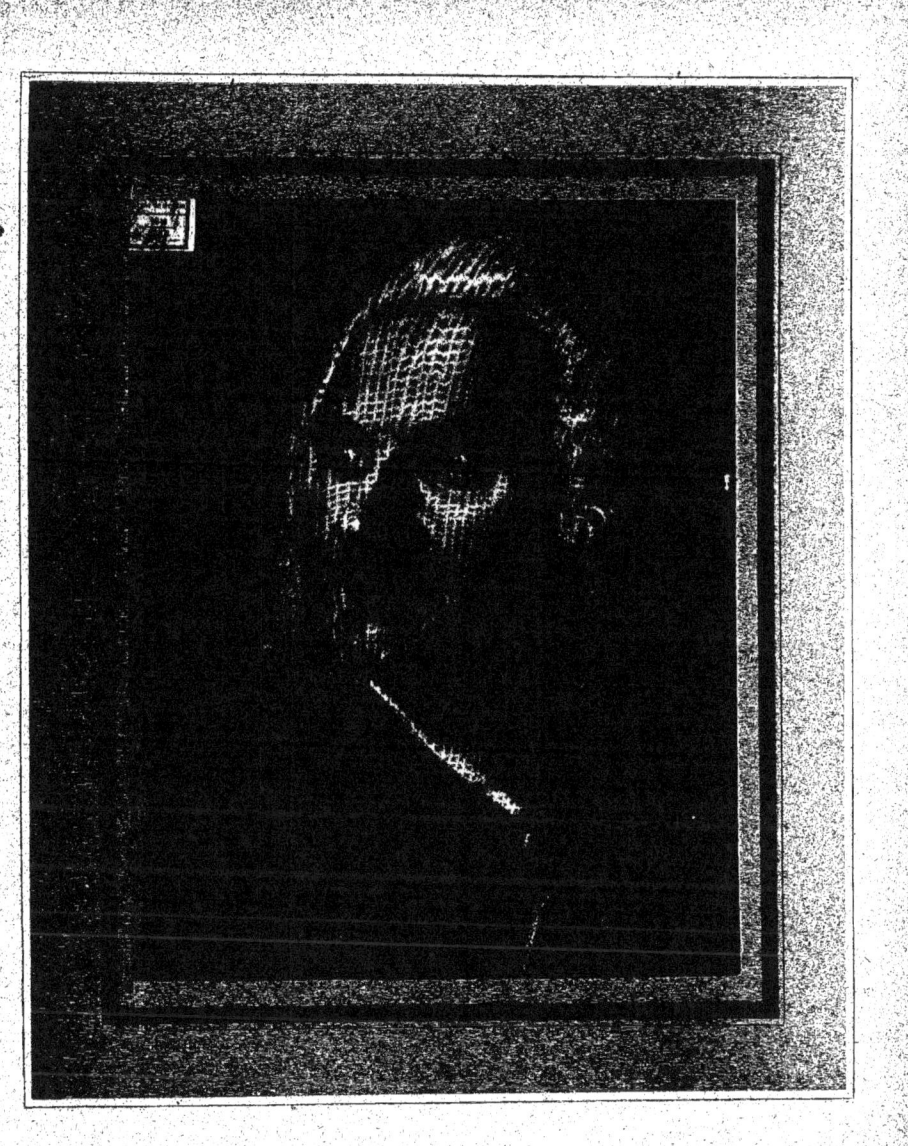

MUSÉE DE SAINT-QUENTIN   PASTELS DE LA TOUR
                                                  N° 19

DACHERY

Largeur : 0m,31. — Hauteur : 0m,45

Le même qu'au numéro 13, mais beaucoup moins poussé.

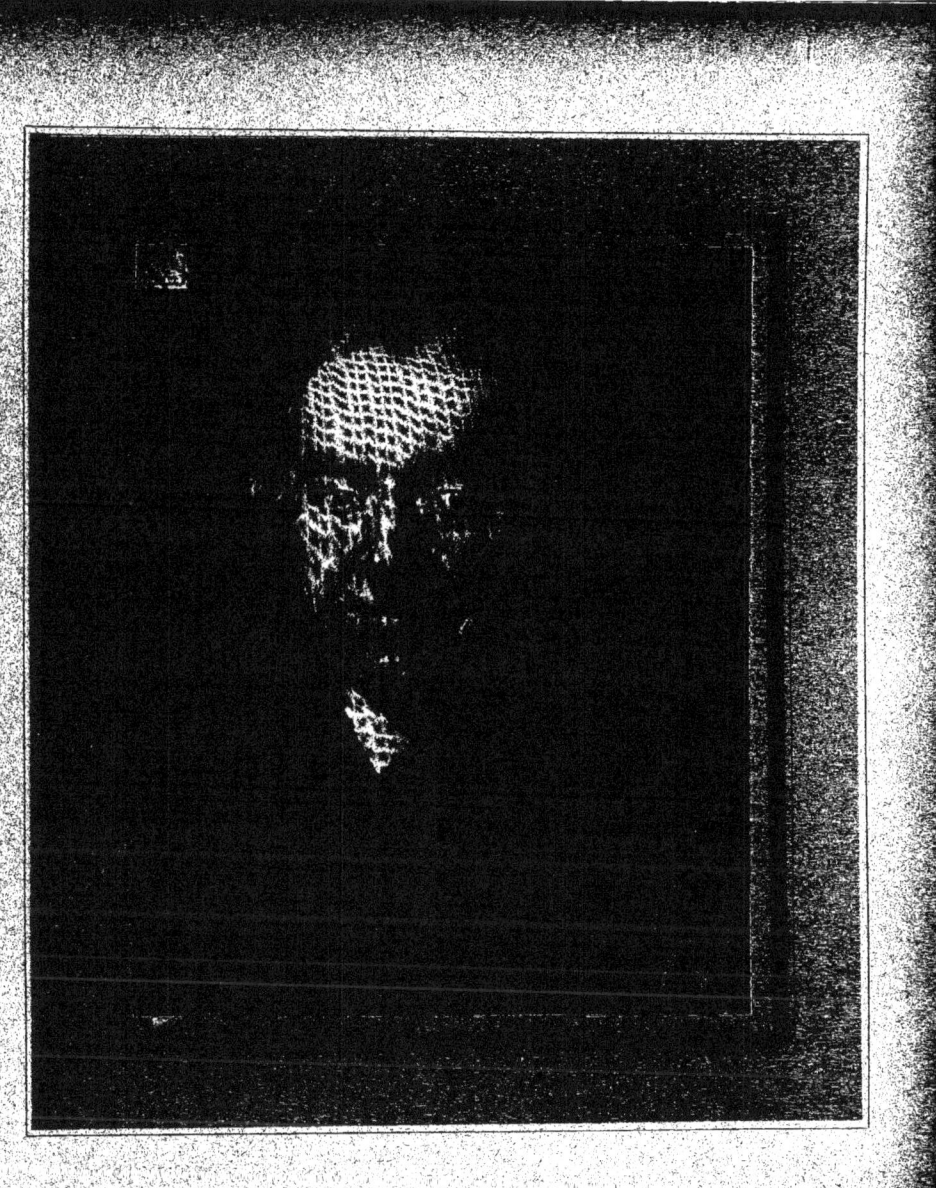

MUSÉE DE SAINT-QUENTIN   *PASTELS DE LA TOUR*
                              N° 20

M. DE NEUVILLE

Largeur : 0™,35. — Hauteur : 0™,44

Encore un fermier général.
Cette fois, c'est l'épanouissement de la béatitude physique, du bien-être matériel, étalé jusqu'à l'écœurement dans un portrait d'ailleurs admirable par sa lumineuse coloration.
Cette lourde figure à la Louis XVI, qui s'appuie sur une formidable assise de multiples mentons, ces yeux sans étincelle, ce sourire machinal dans la graisse infinie des joues, toute cette chair gavée ne se soutient même pas, penche en avant par l'arrondissement des épaules, sans même le ressort de l'orgueil ou de l'insolence pour la soutenir.
Le grand front régulier se plisse de mille petites rides horizontales qui n'ont rien à voir avec les sillons de la pensée. Les physionomistes y voient, au contraire, un signe de bêtise.
La Tour, avec une virtuosité ironique, a fait fleurir magnifiquement sur ce visage les blancheurs luisantes de la peau ballonnée, les roses de la bonne chère. Il n'a pas donné moins de soin à la moire veloutée de l'habit, aux riches dentelles du jabot. La cravate blanche enserre un cou énorme dont la nuque fait bourrelet sous la perruque, restreignant le crâne, dont on ne peut parler que par hypothèse. Ce superbe pastel est un poème de somptueuse stupidité.

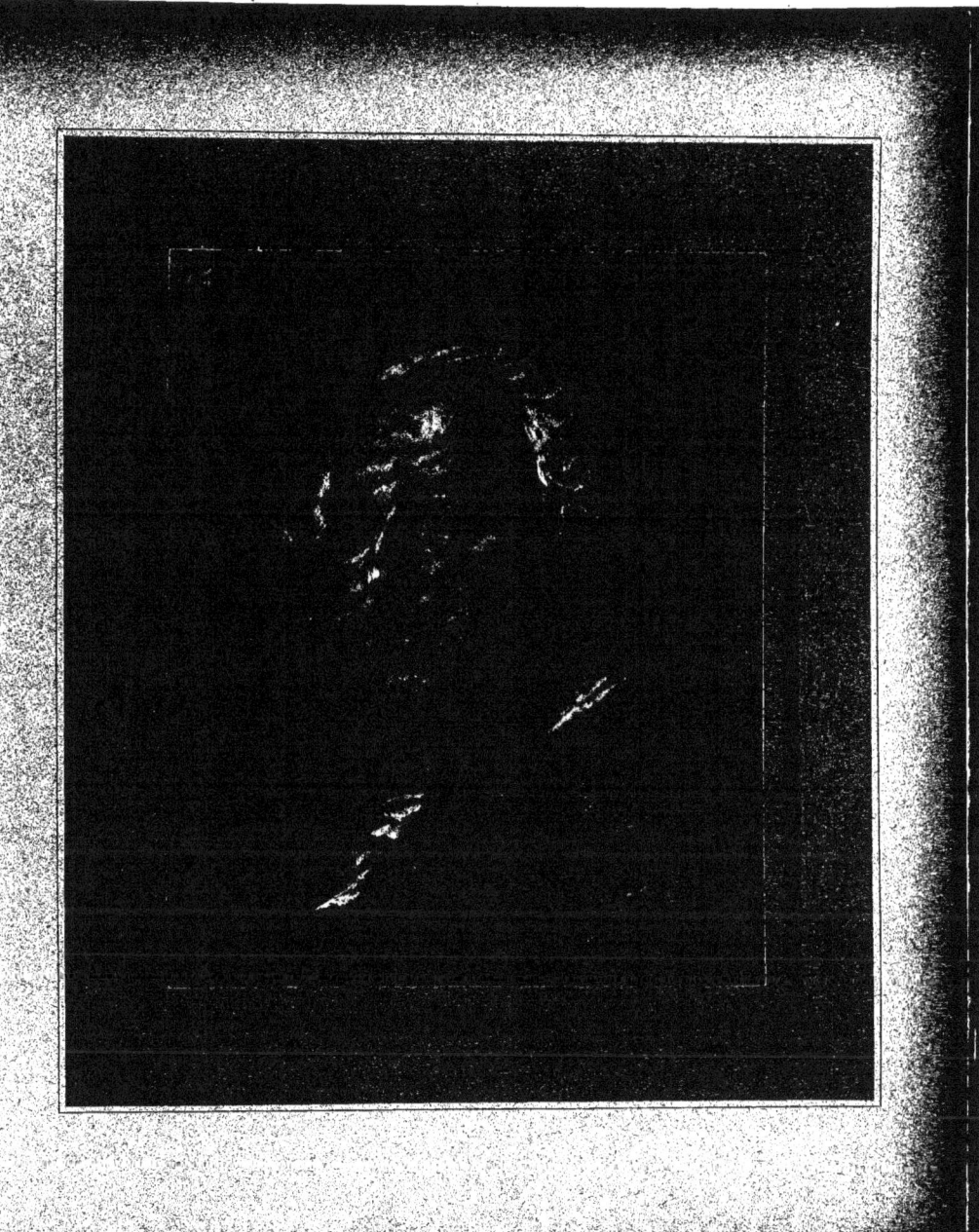

MUSÉE DE SAINT-QUENTIN   *PASTELS DE LA TOUR*
                                        N° 21

DUCLOS

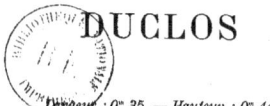

Largeur : 0",35. — Hauteur : 0",44

Membre de l'Académie française. L'auteur des *Considérations sur les mœurs de ce temps* et des *Mémoires secrets* sur les règnes de Louis XIV et de Louis XV.

La Tour l'a représenté par un magnifique portrait, d'un fini merveilleux, et où il fait pétiller tout l'esprit qu'on attribuait à l'écrivain et qu'il s'attribuait lui-même, si l'on en juge par cette phrase de Duclos : « Je me crois de l'esprit et j'ai la réputation d'en avoir ; il me semble que mes ouvrages le prouvent. Ceux qui me connaissent personnellement prétendent que je suis supérieur à mes ouvrages. »

Sur cette physionomie sans beauté, l'esprit rayonne, en effet, dans le regard aigu, le plissement de la bouche, le frémissement presque visible des narines expressives. La correction de l'académicien homme du monde apparaît dans la tenue un peu raide de la tête, la petite perruque soignée, l'habit de velours bleu et la cravate de dentelle.

La Tour fit de Duclos deux portraits, qui furent exposés aux Salons de 1748 et de 1753.

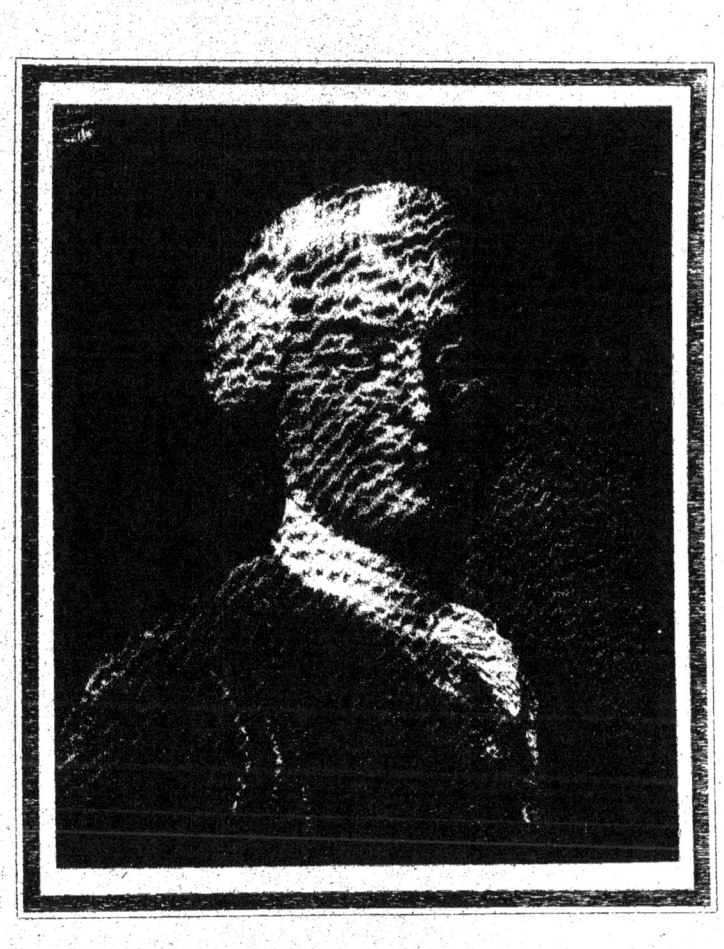

MUSÉE DE SAINT-QUENTIN   PASTELS DE LA TOUR
                                                  N° 22

INCONNU

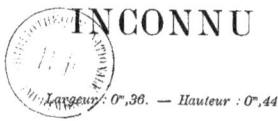

Largeur : 0^m,36. — Hauteur : 0^m,44

Étude.

Ce portrait, à longs cheveux gris sans poudre, à grande barbe d'un blanc jaunâtre, étonne entre toutes les têtes glabres et à perruques de ces hommes du xviiie siècle. Est-il de La Tour?

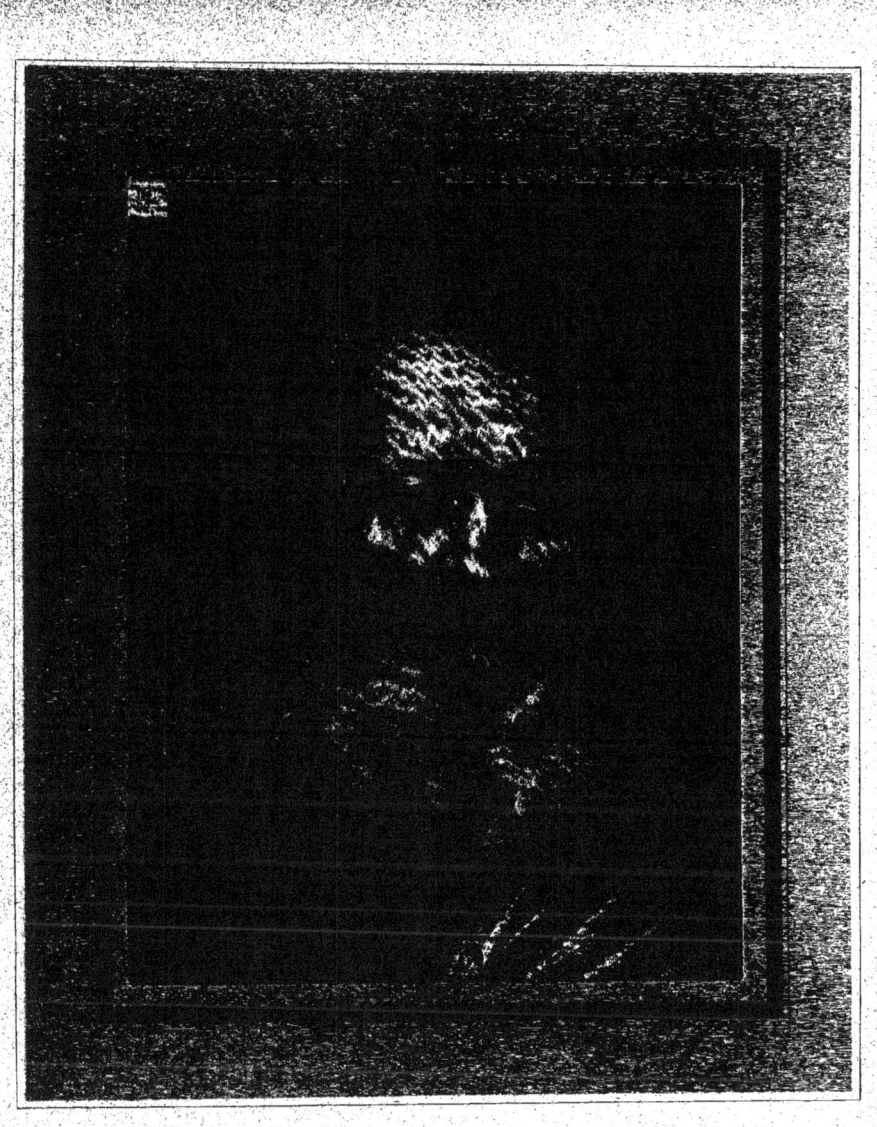

MUSÉE DE SAINT-QUENTIN   PASTELS DE LA TOUR
                                                       N° 23

L'ABBÉ POMMYER

Largeur : 0ᵐ,36. — Hauteur : 0ᵐ,44

Doyen du Chapitre de Reims en 1752 et Conseiller à la Grand'Chambre du Parlement de Paris, voici le vrai abbé de cour, jeune encore, à la physionomie vive et sensuelle, au teint frais. Les yeux ont une hardiesse spirituelle; les lèvres charnues et roulées avancent un peu, avec une expression de malice et de gourmandise.

Par une facture un peu épaisse, La Tour a plutôt exagéré qu'atténué l'amabilité presque galante et passablement profane de cette joyeuse figure.

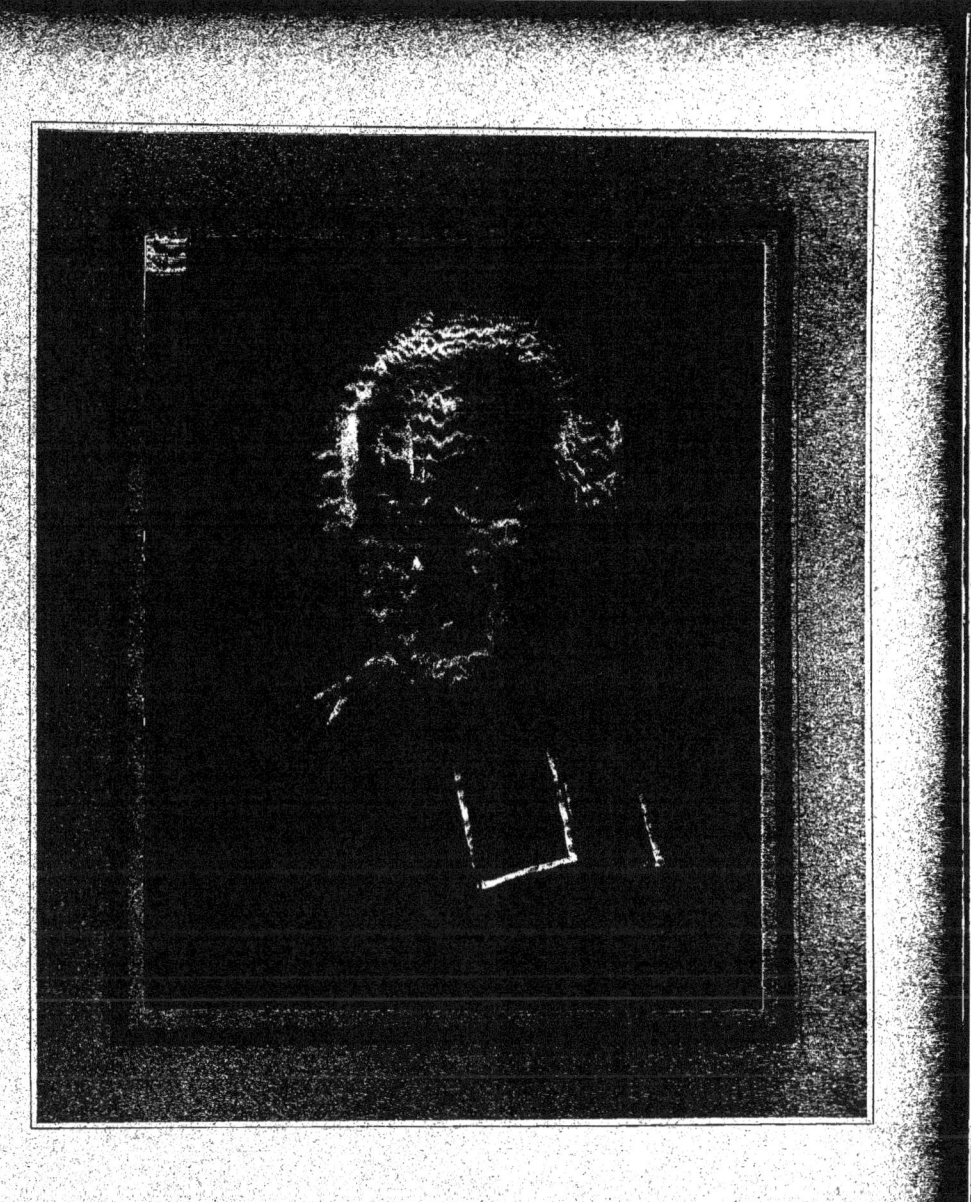

MUSÉE DE SAINT-QUENTIN   *PASTELS DE LA TOUR*
                                                  N° 24

L'ABBÉ LEBLANC

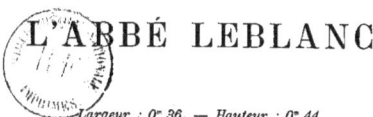

Largeur : 0m,36. — Hauteur : 0m,44

Ami de M. de Marigny, frère de Madame de Pompadour, et son compagnon de voyage en Italie.
Ce dur pastel ne doit être qu'une ébauche hâtive, ou peut-être seulement, ainsi que le croit M. Abel Patoux, une copie substituée à l'original.
La tête manque d'expression, avec ses yeux fixes, ses grosses lèvres entr'ouvertes. Le teint de brique, sans lumières, sans modelé, les notes trop blanches au rabat, s'éloignent de la manière habituelle de La Tour et font douter de l'authenticité de cette œuvre médiocre.
(Salon de 1747.)

* *

Piron écrivit ce quatrain :

> La Tour va trop loin, il me semble,
> En nous peignant l'abbé Le Blanc;
> N'est-ce pas assez qu'il ressemble !
> Faut-il encor qu'il soit parlant !

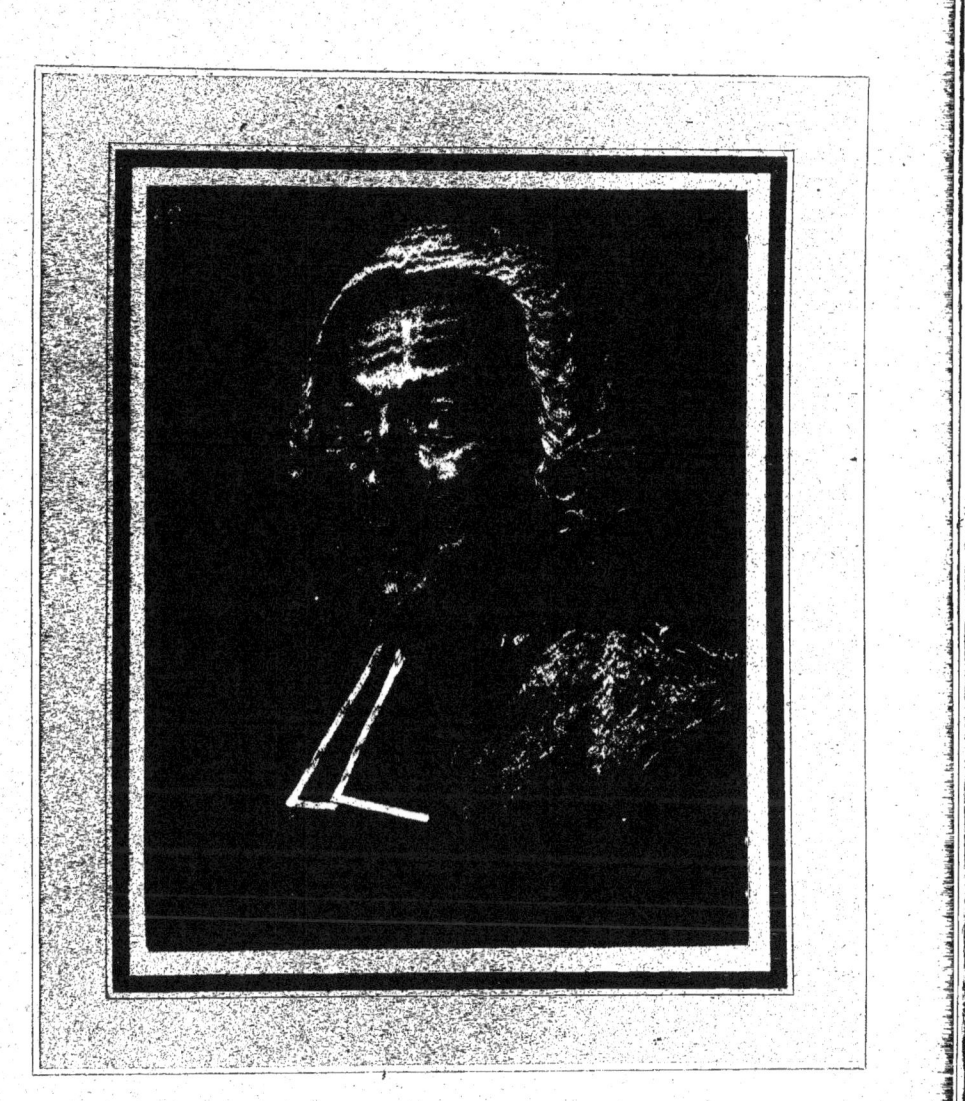

MUSÉE DE SAINT-QUENTIN   *PASTELS DE LA TOUR*
                         N° 25

LE PÈRE EMMANUEL

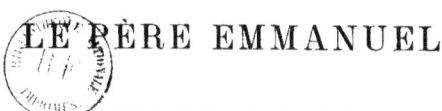

Largeur : 0m,30. — Hauteur : 0m,40

Capucin qui avait été le confesseur de La Tour dans sa jeunesse, et qui le retrouva plus tard à Paris.

Nouvel exemple de la façon malicieuse et dépourvue de respect dont La Tour rendait les physionomies ecclésiastiques. Il est certain que ce Père Emmanuel n'avait rien d'austère. Il suffit de regarder ce vieux visage pétri de finesse, pétillant de gaieté dans ses milliers de petites rides, bon vivant par son gros nez fleuri, et presque égrillard par la lumière équivoque des pâles prunelles bleues, entre les paupières bridées et rouges.

Toutefois La Tour a pris peut-être un malin plaisir à souligner de pareils traits. Mais cette tête, sans doute légèrement caricaturale, est vivante et parlante au possible. La bouche plissée contre les mâchoires sans dents, les quelques cheveux blancs, hérissés au bord du capuchon noir, les sourcils presque effacés par l'âge, tout cela est d'une vieillesse sinon très respectable, du moins pleine d'exactitude et d'animation.

Ce confesseur-là ne dut pas refuser l'absolution à l'irrévérence de son peintre.

(Salon de 1757.)

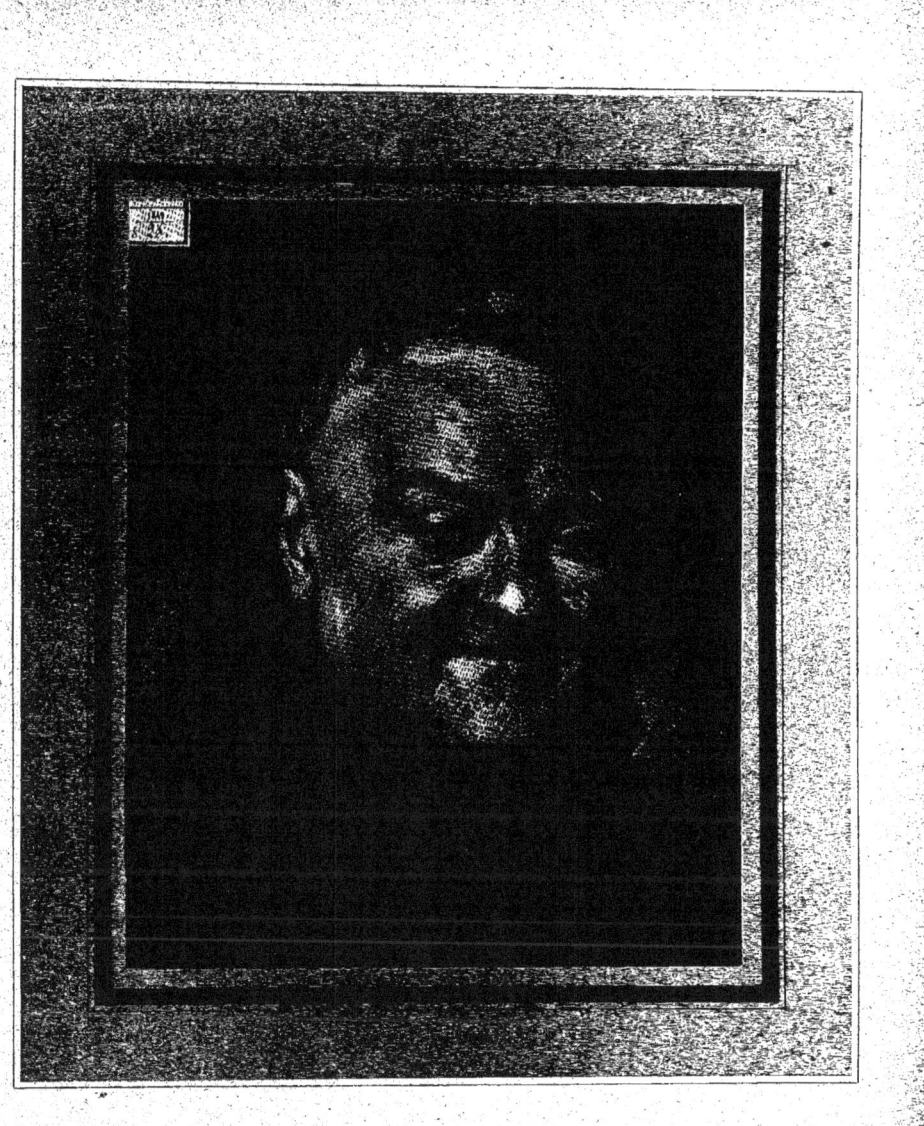

MUSÉE DE SAINT-QUENTIN   *PASTELS DE LA TOUR*
                                              N° 26

LE MARÉCHAL DE SAXE

Largeur : 0,30. — Hauteur : 0,40

C'est la préparation du portrait qui est au Louvre.

Cette étude, déjà fort poussée, nous représente avec une grande énergie la tête laide et puissante du célèbre guerrier, du vainqueur de Fontenoy, Raucoux, Lawfeld.

Deux prunelles bleues, impérieuses et clairvoyantes, fleurissent sous le grand front surplombant les touffes noires et accentuées des sourcils. Le nez est fort, les pommettes un peu saillantes, la bouche d'un dessin ferme, le menton avancé, volontaire.

Une cravate noire entoure le col blanc, et l'on voit le haut de la cuirasse sur l'épaule gauche, qui avance de profil tandis que le visage fait face au spectateur.

(Salon de 1747.)

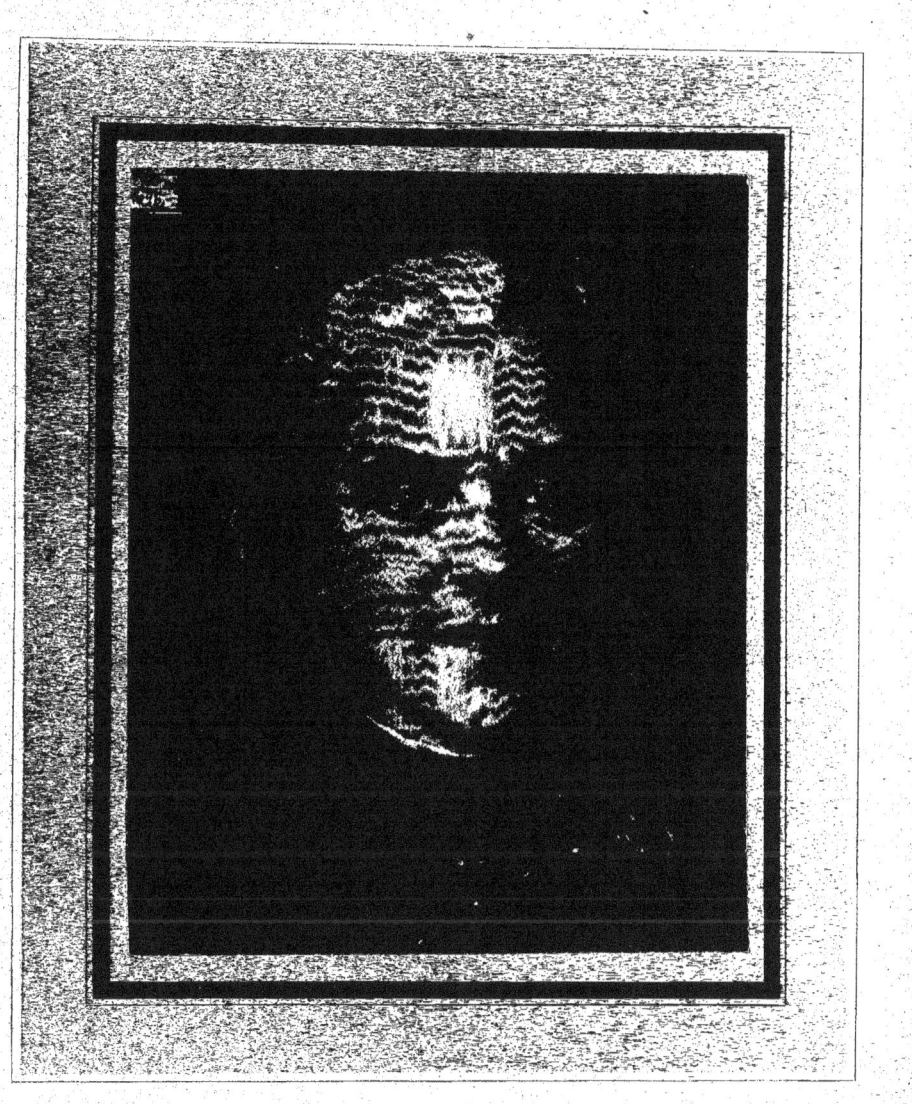

MUSÉE DE SAINT-QUENTIN   PASTELS DE LA TOUR
                                           N° 27

FRANÇOIS VÉRON DE FORBONNAIS

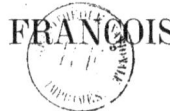

Largeur : 0",30. — Hauteur : 0",40

C'était un écrivain de finances, économiste distingué.

Sa physionomie n'a rien d'intéressant. C'est un long visage, étroit du haut et du bas, élargi seulement aux pommettes. Les yeux sont rapprochés, le front singulièrement étroit.

La Tour, qui ne pouvait sans doute lui découvrir aucune expression, s'est rattrapé sur le sourire, en affinant joliment les coins relevés de la bouche, comme pour une de ses espiègles marquises.

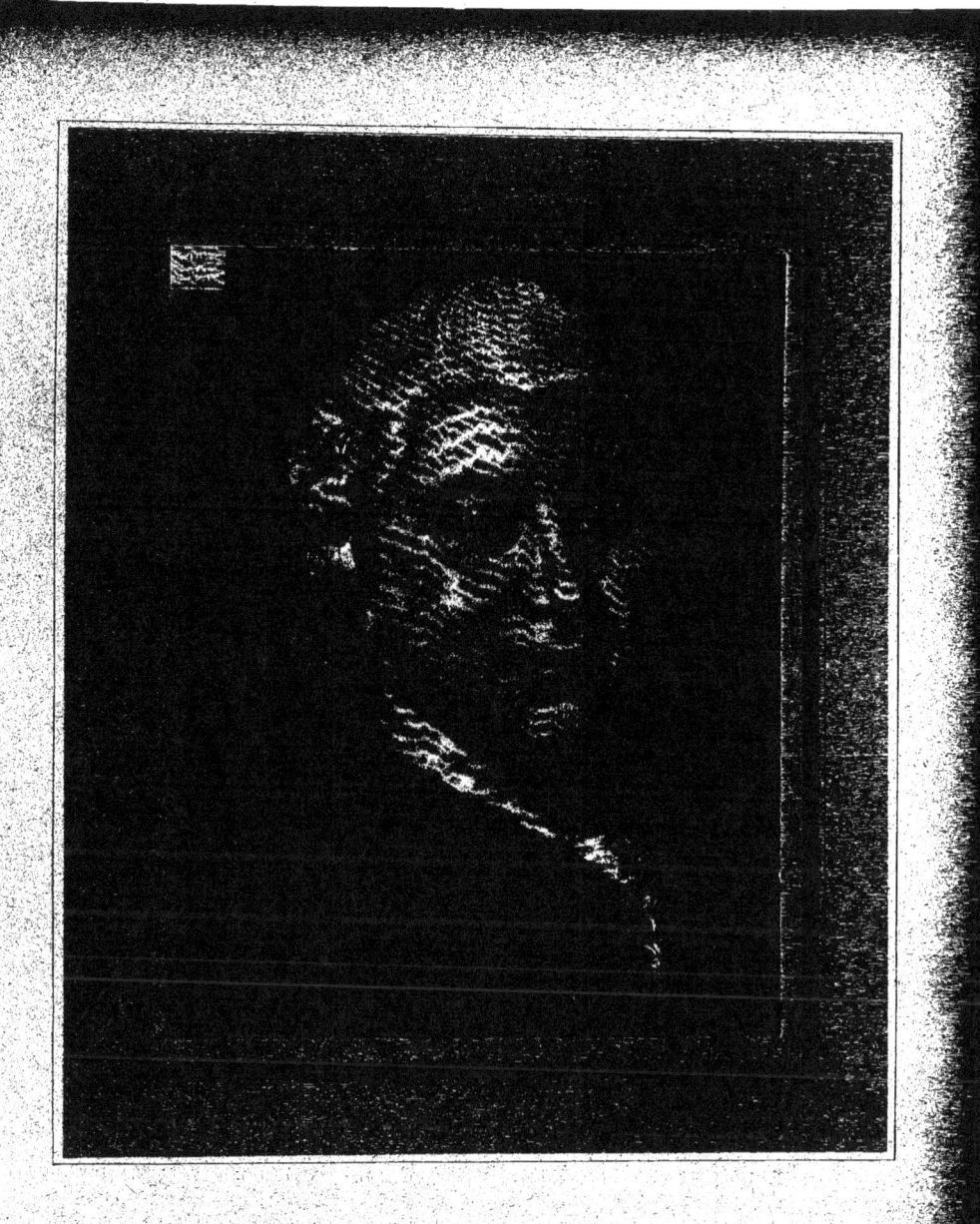

MUSÉE DE SAINT-QUENTIN   PASTELS DE LA TOUR
                                      N° 28

JEUNE FILLE A LA COLOMBE

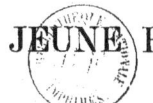

Largeur : 0ᵐ,42. — Hauteur : 0ᵐ,56

Copie ou imitation de la Rosalba.
C'est apparemment un exercice de jeunesse comme le numéro suivant.

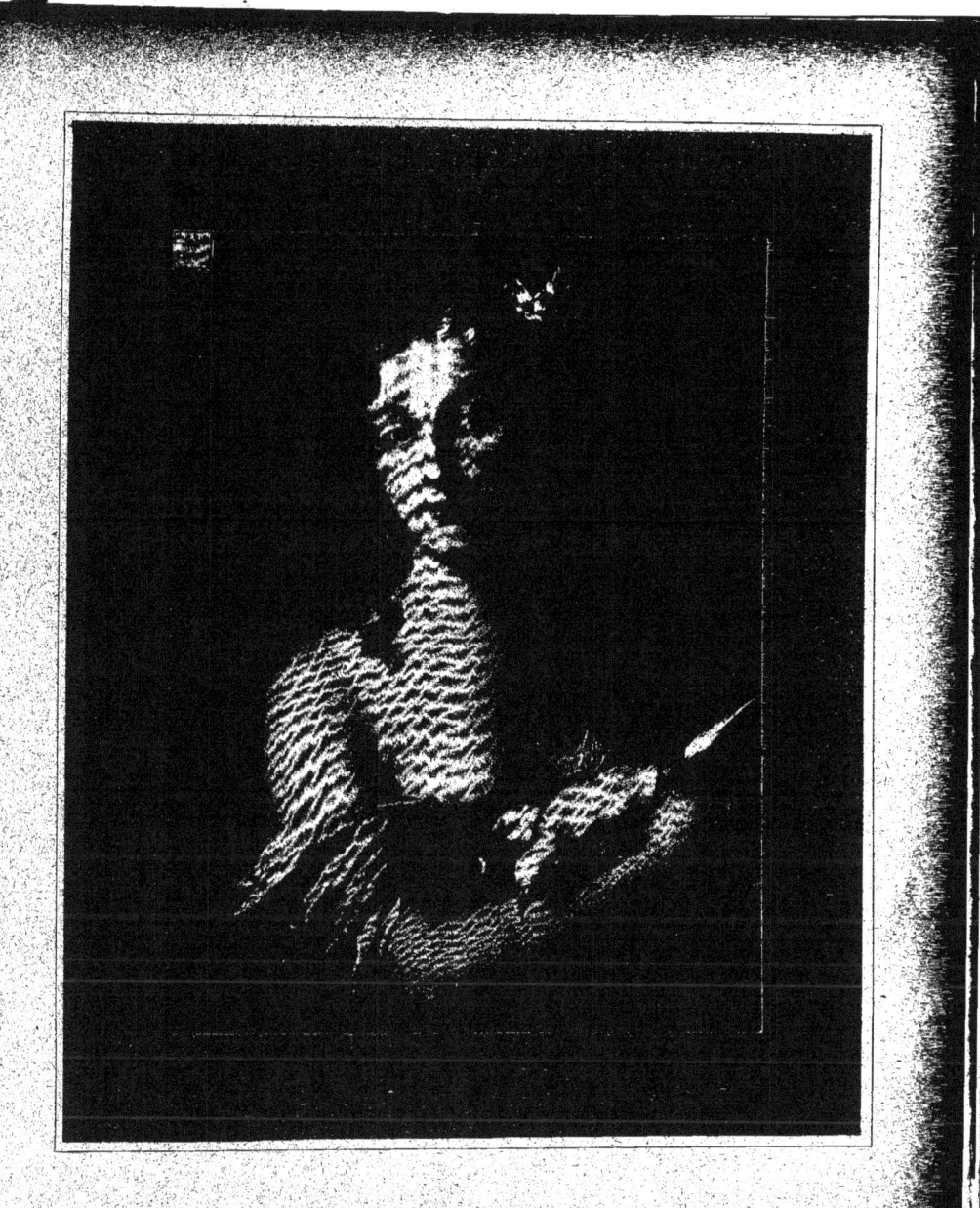

MUSÉE DE SAINT-QUENTIN   PASTELS DE LA TOUR
                                     Nº 29

JEUNE FILLE A LA COURONNE

Largeur : 0ᵐ,49. — Hauteur : 0ᵐ,61

Copie d'un pastel de la Rosalba, qui se trouve au Musée du Louvre.

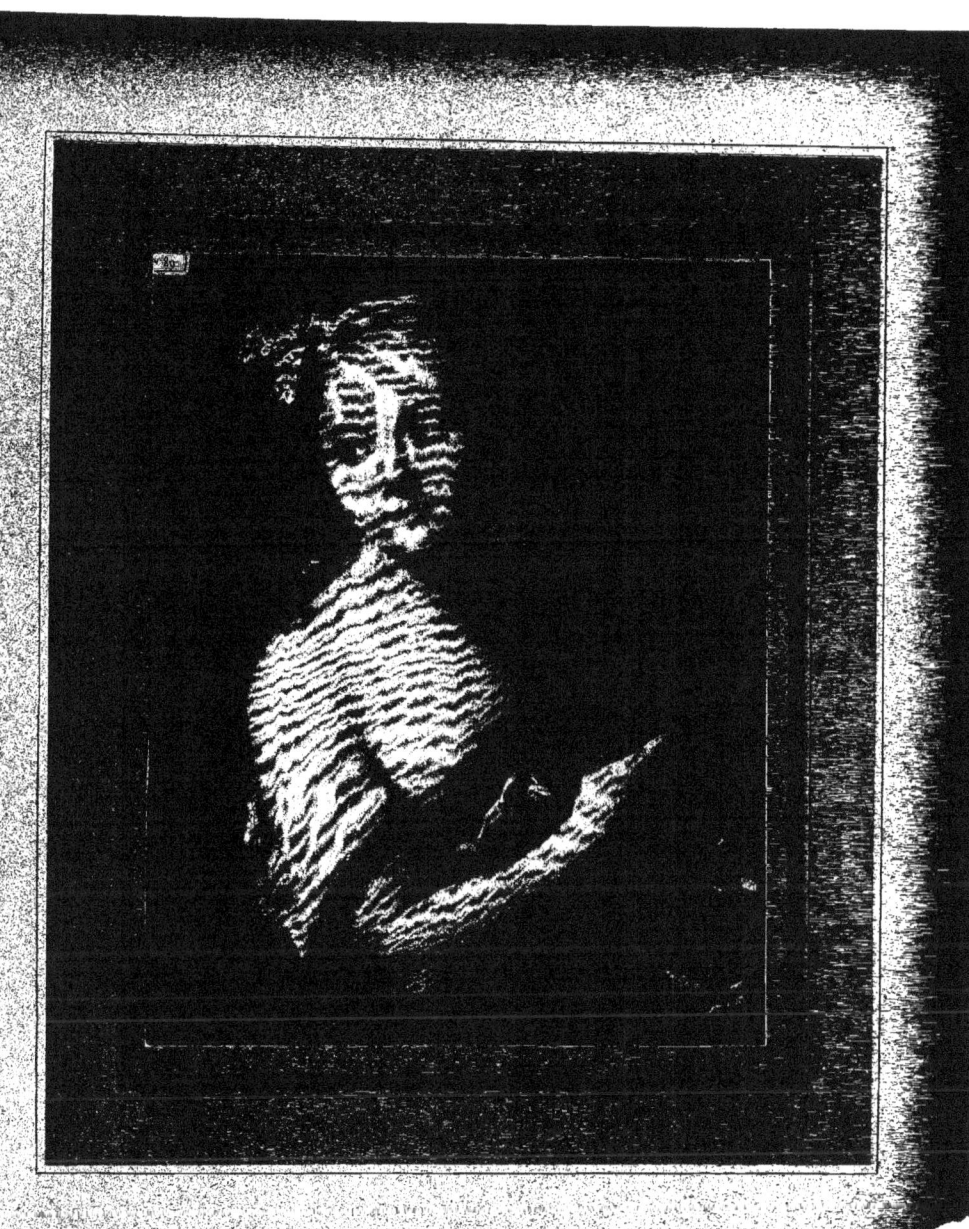

MUSÉE DE SAINT-QUENTIN *PASTELS DE LA TOUR*
N° 30

MADEMOISELLE DE TUYLL
PLUS TARD MADAME DE CHARRIÈRE

Largeur : 0™,53. — Hauteur : 0™,68

Portrait où MM. de Goncourt veulent voir la présidente de Rieux, tout en se demandant si ce ne serait pas réellement Mademoiselle Van Zuylen (Mademoiselle de Tuyll), l'élève et la correspondante de La Tour, qui devint Madame de Charrière.

Il est aujourd'hui acquis que c'est là le portrait de Mademoiselle Van Zuylen. Derrière le châssis intérieur est tracée cette inscription : *Madame la Barronne de Tulle Hollandaise*.

La tête seule est terminée dans ce gracieux portrait, qui indique autour de la jeune femme l'enveloppement d'une sorte de domino et qui lui fait tenir à la main un loup de velours noir.

C'est un joli visage, d'expression un peu retirée et fière, avec de larges yeux bruns, une bouche sinueuse et souriante.

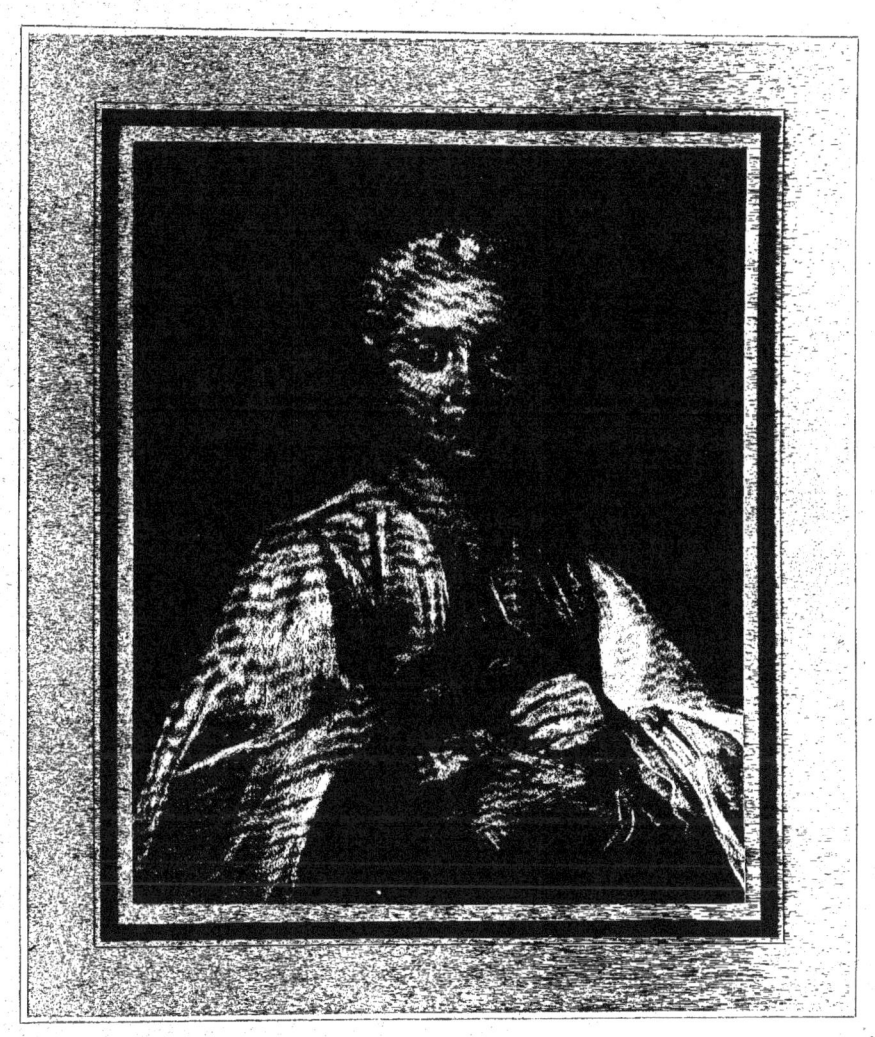

MUSÉE DE SAINT-QUENTIN   *PASTELS DE LA TOUR*
                                                  N° 31

JEUNE HOMME BUVANT

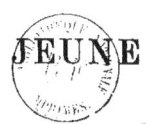

Largeur : 0™,39. — Hauteur : 0™,31

Sans doute copie d'après Murillo.
On ne voit que la tête, le haut des épaules et la main qui porte aux lèvres une flûte à champagne.
Le ton du pastel est très chaud, l'éclairage violent.
   C'est un tout jeune homme, dans lequel on a voulu à tort reconnaître La Tour lui-même. Il est coiffé d'une toque ornée de feuilles de vigne.

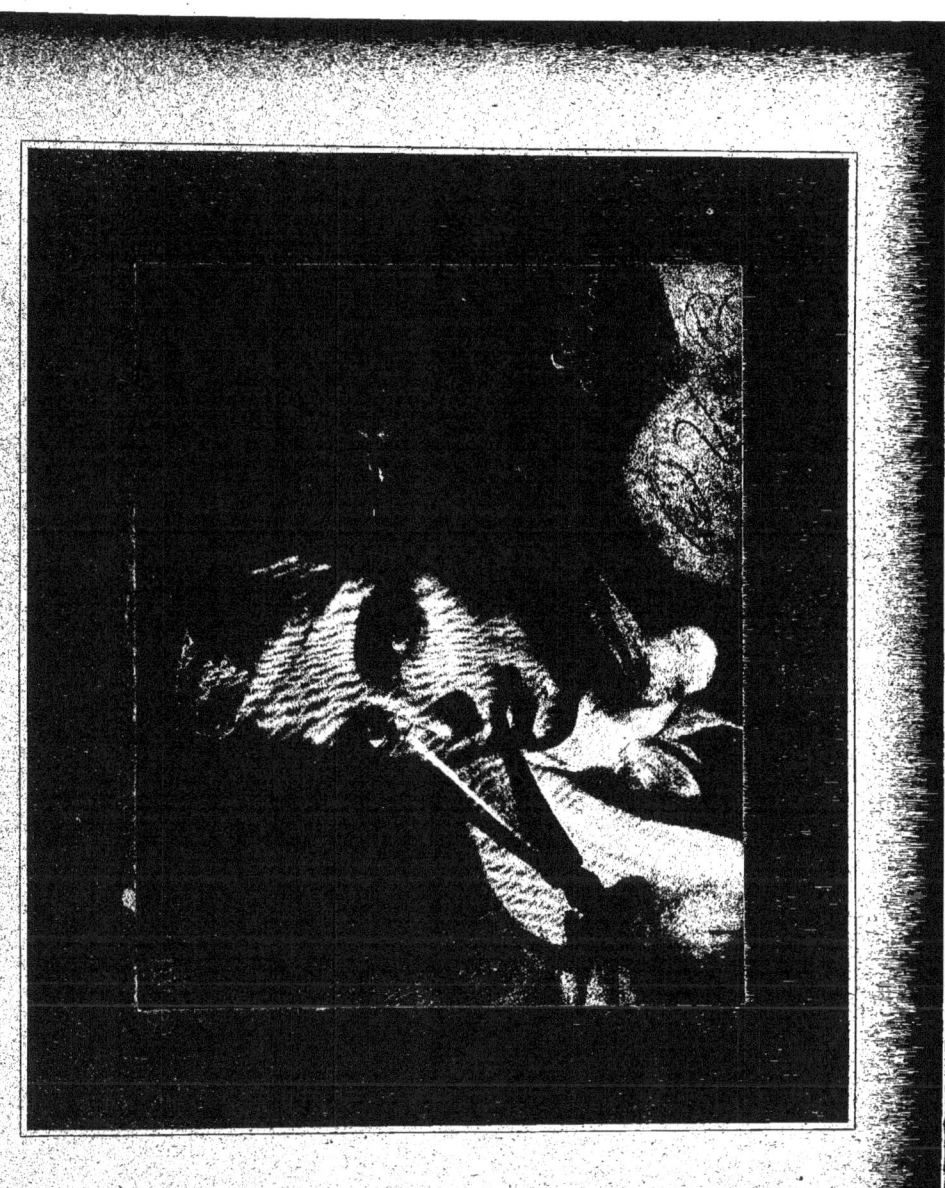

MUSÉE DE SAINT-QUENTIN   *PASTELS DE LA TOUR*
                                      Nº 32

TÊTE PENCHÉE

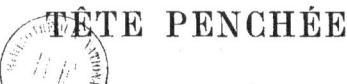

Largeur : 0ᵐ,32. — Hauteur : 0ᵐ,24

Étude d'après un tableau.
  C'est une fine petite tête, qui se penche de profil avec un très doux regard de rêverie et d'amour. Le teint a des transparences bleuâtres de porcelaine. Les cheveux sans poudre sont entourés d'un ruban bleu. Un voile léger drape les épaules.

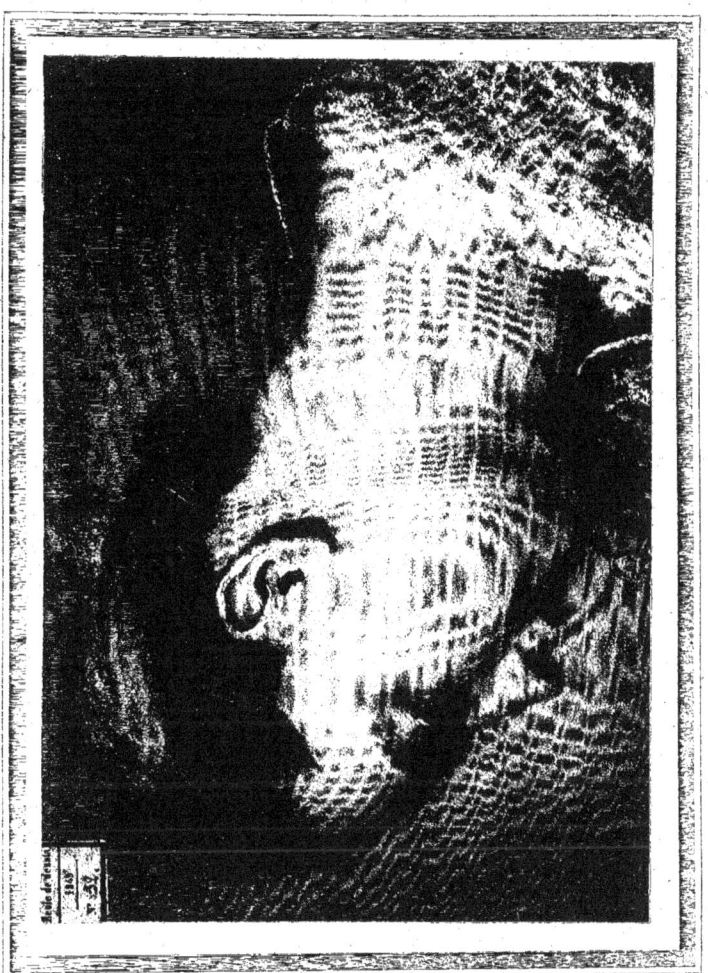

MUSÉE DE SAINT-QUENTIN   *PASTELS DE LA TOUR*
                                        N° 33

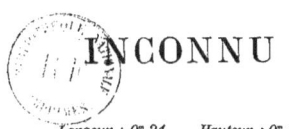INCONNU

Largeur : 0^m,24. — Hauteur : 0^m,32

———————

Ébauche très peu poussée. Le sourire est bizarre, équivoque et aigre-doux.

———————

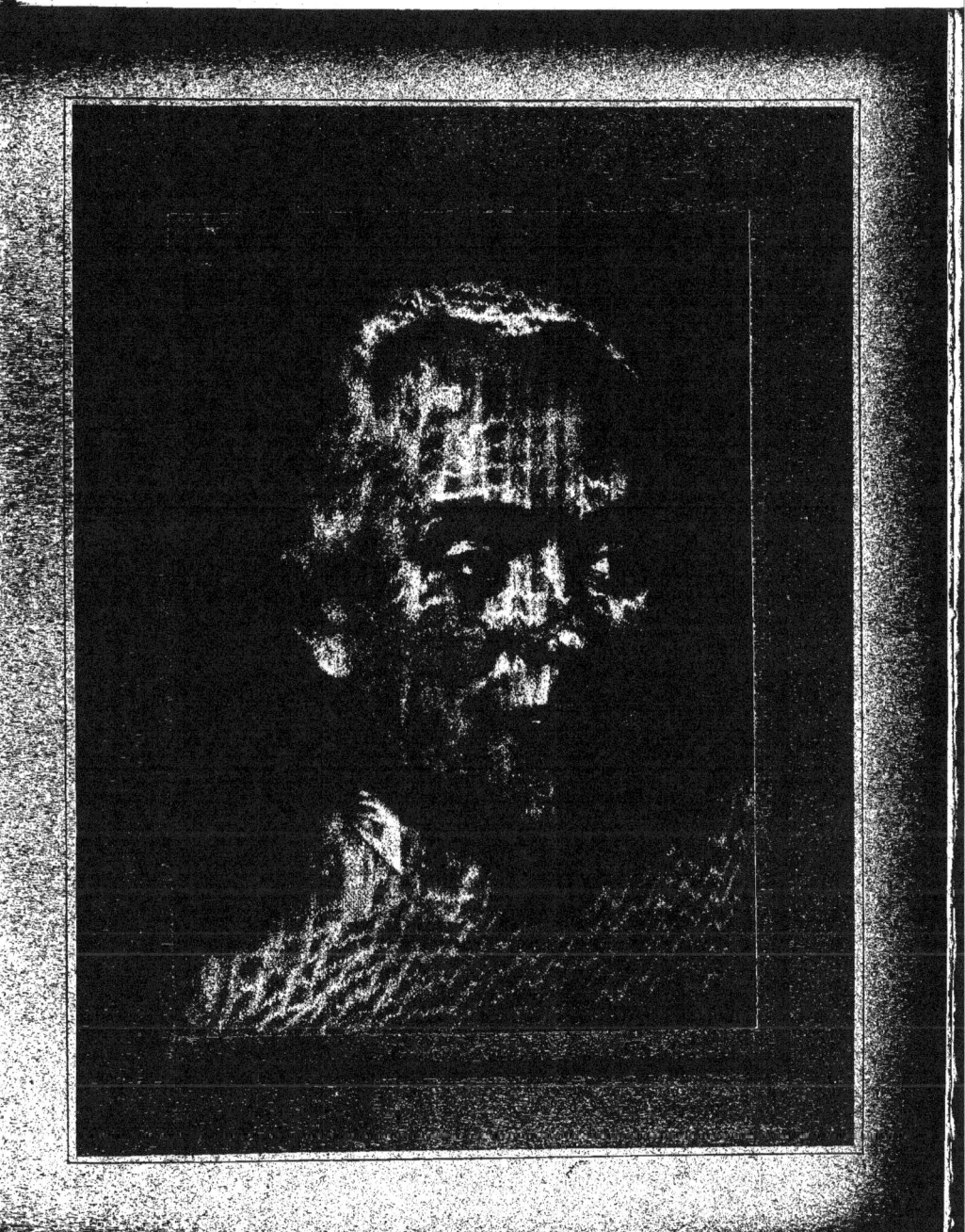

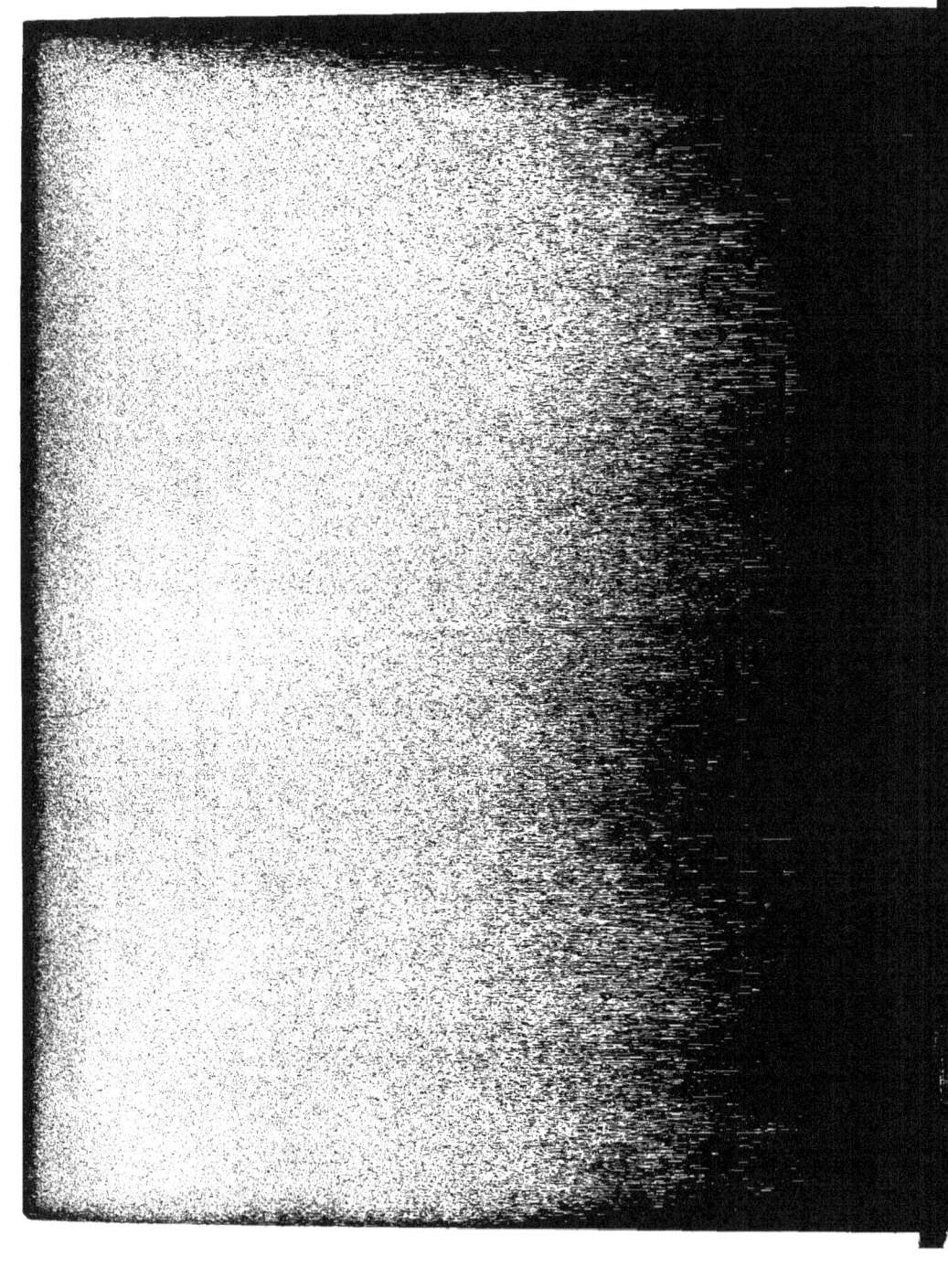

MUSÉE DE SAINT-QUENTIN *PASTELS DE LA TOUR*
N° 34

MADAME BOETE DE SAINT-LÉGER

Largeur : 0",24. — Hauteur : 0",32

Préparation.

Le nom est inscrit sur le pastel même, contrairement à l'affirmation des Goncourt. Sans cette précaution, cette tête de bonne bourgeoise un peu mûre resterait classée parmi les inconnues.

Tout ce qu'on sait de Madame Boete de Saint-Léger c'est qu'elle habita Ham de 1785 à 1793.

Elle a de petits yeux rieurs, doux, dans une grasse figure aimable, que termine un double menton. Les cheveux sont poudrés.

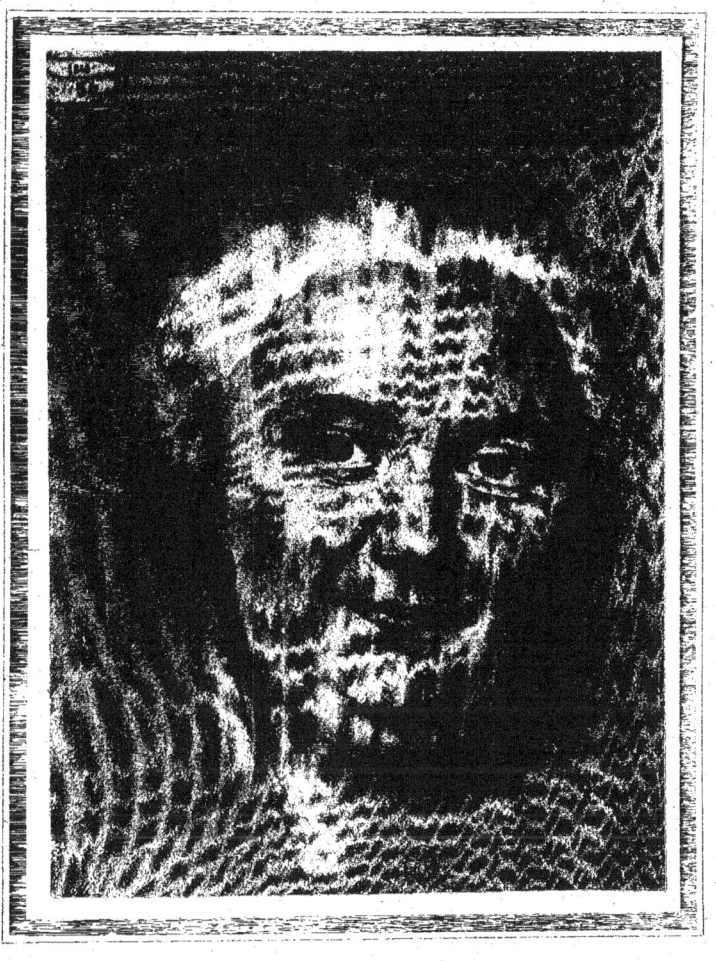

MUSÉE DE SAINT-QUENTIN   PASTELS DE LA TOUR
                                                 N° 35

LOUIS, DAUPHIN DE FRANCE

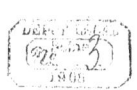

Largeur : 0^m,24. — Hauteur : 0^m,32

La Tour fit quatre portraits du Dauphin, dont deux sont au Louvre.
Celui-ci n'est qu'une étude pour le portrait officiel que la gravure de Petit a popularisé.
Le 17 septembre 1769, M. Roslin, de l'Académie, ayant prié M. le marquis de Marigny de lui faire prêter le portrait de Monseigneur le Dauphin, le 26 septembre 1769, reçut la réponse suivante :

J'ay fait dire, Monsieur, à M. Jeaurat, de vous prêter le portrait de M⁰ʳ le Dauphin, fait par M. De La Tour. M. Jeaurat a fait réponse qu'il y a quatre portraits de M⁰ʳ le Dauphin faits successivement par M. De La Tour. Trois sont à Versailles, dans le Salon des Tableaux ; le quatrième et dernier est chez M⁰ʳ le Dauphin et qu'il ne peut l'avoir sans l'agrément de ce prince.
Voyez M. Jeaurat et concertez-vous avec lui sur le moyen d'avoir celui des quatre que vous souhaitez.

Je suis, Monsieur, votre dévoué,
Marquis de MARIGNY.

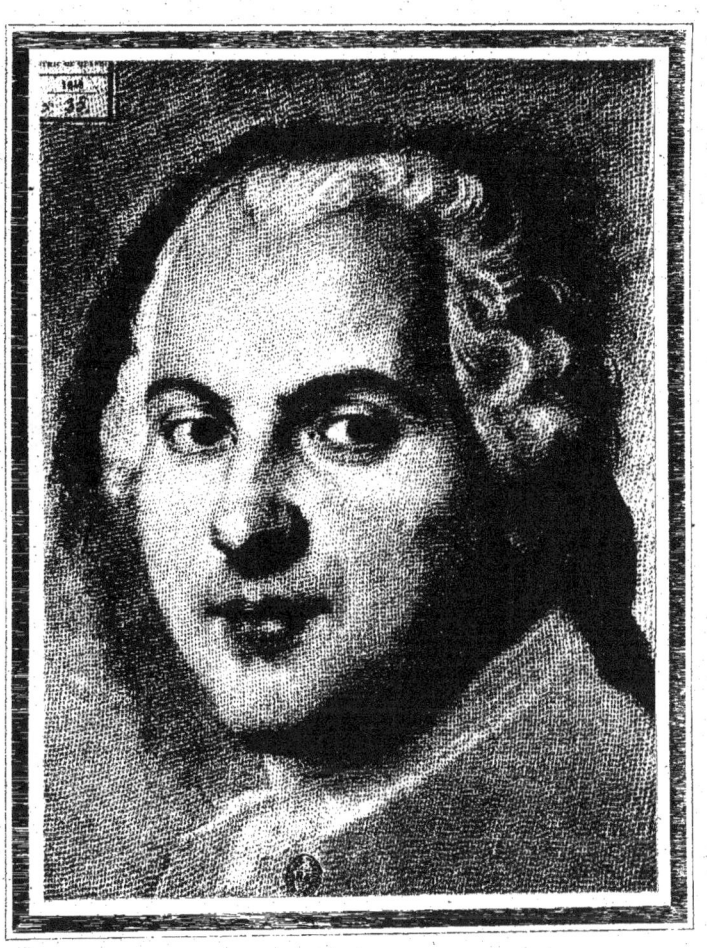

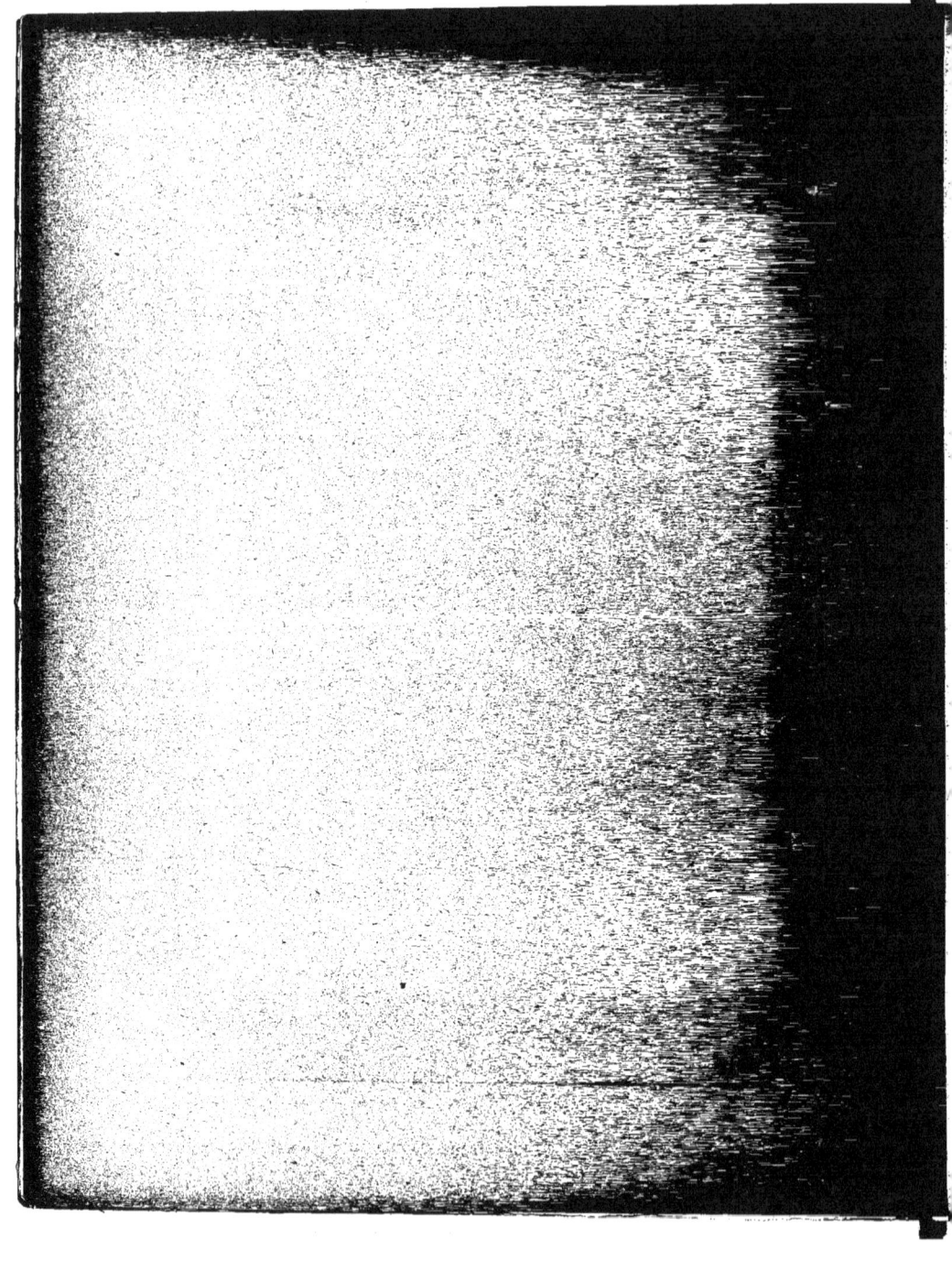

MUSÉE DE SAINT-QUENTIN   *PASTELS DE LA TOUR*
                           N° 36

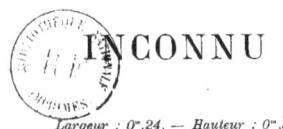
INCONNU

Largeur : 0m,24. — Hauteur : 0m,32

Préparation.
Masque d'une vie intense, qui semble crever le fond de papier gris.
Tête commune et déjà vieille, mais au regard brun vif, sous les sourcils gris peu fournis. Peau rougeâtre et brouillée, d'une vérité extraordinaire.

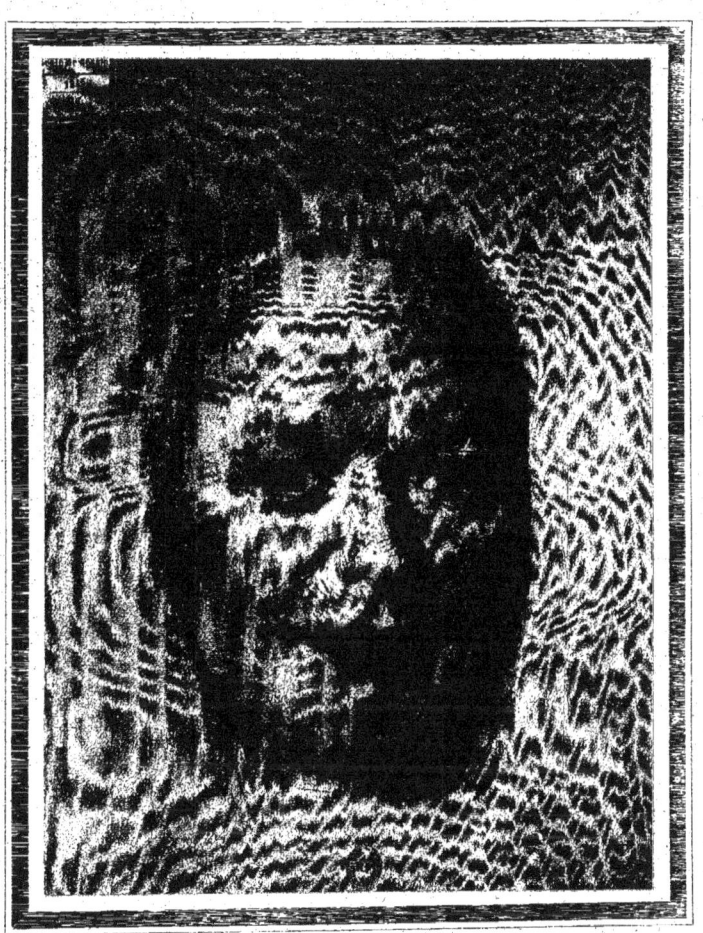

MUSÉE DE SAINT-QUENTIN   *PASTELS DE LA TOUR*
                                   N° 37

INCONNUE

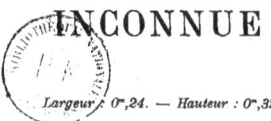

Largeur : 0,24. — *Hauteur : 0*,32

Préparation.

Beauté mûre déjà, mais charmante, avec des yeux bruns et tendres sous de fins sourcils, un nez délicatement busqué, une bouche souriante, presque trop petite entre les joues un peu lourdes. Les cheveux sont poudrés, le teint d'une fraîcheur, d'un éclat admirables.

La bonté, la sensualité fine donnent une expression séduisante à cette admirable figure.

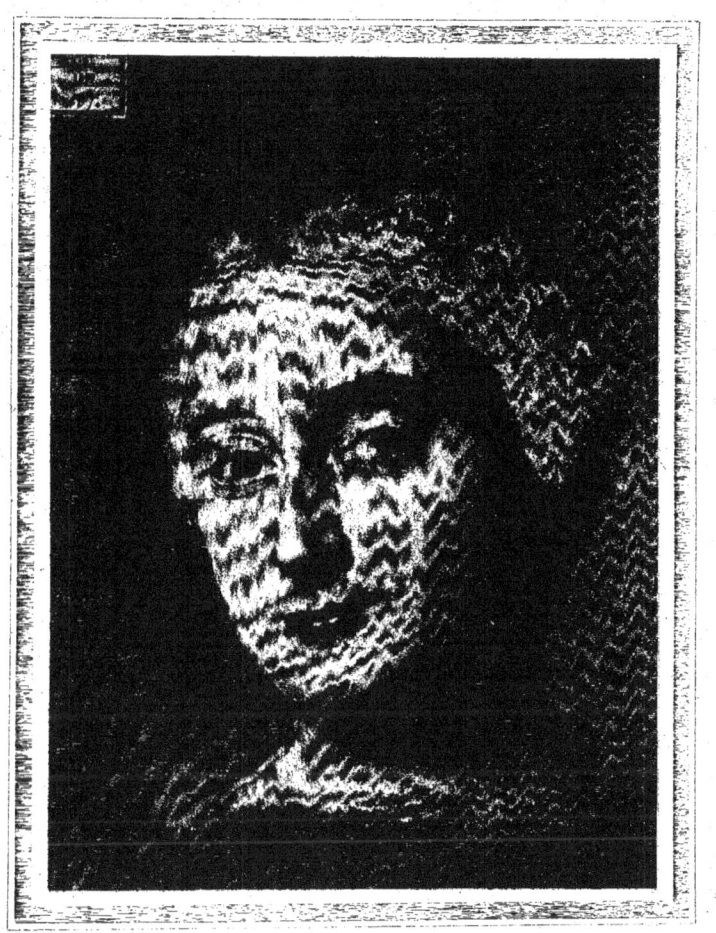

MUSÉE DE SAINT-QUENTIN   *PASTELS DE LA TOUR*
N° 38

PORTRAIT DIT DE CHARDIN

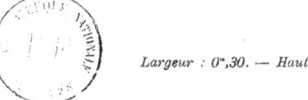

Largeur : 0",30. — Hauteur : 0",38

Portrait que l'on croit être une ébauche de celui de Chardin, qui est au Louvre.
Soi-disant en costume de chasse, d'après certains catalogues : simplement parce que le front est coupé par l'indication d'un chapeau lampion. L'habit n'est marqué que par quelques traits sommaires.
Grosse tête molle, à la bouche et au menton qui remontent en une moue bonasse. Les yeux un peu mornes sous des sourcils irréguliers. Belle couleur et qualité de chair.

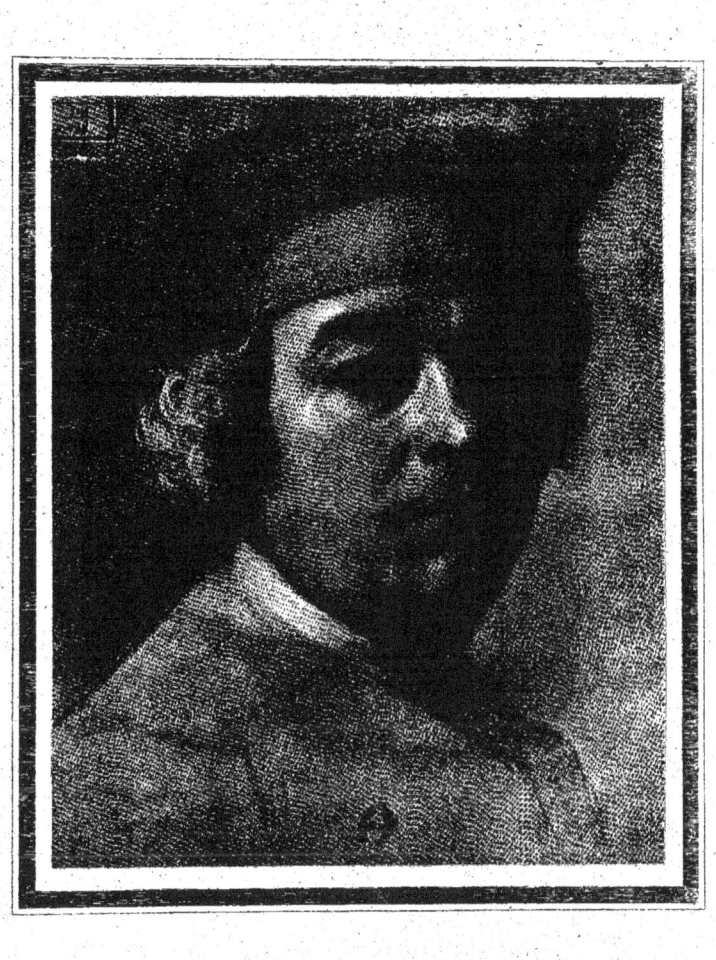

MUSÉE DE SAINT-QUENTIN PASTELS DE LA TOUR
N° 39

MADEMOISELLE PUVIGNÉ

Largeur : 0^m,24. — Hauteur : 0^m,32

Danseuse de l'Opéra.

Adorable figure, à l'ovale parfait, aux longs yeux bruns veloutés, entre des paupières d'un dessin délicieux, surmontées de fins sourcils. Le seul défaut du visage est un nez un peu gros et rond du bout. Mais la bouche est exquise, le cou long et bien attaché, le front d'un modelé très pur sous les cheveux gracieusement relevés.

Cette charmante personne a certainement plus de douceur languissante que d'intelligence sur la physionomie, et c'est sans doute pour cela que MM. de Goncourt la rangent assez durement dans « l'espèce bovine », s'étonnant des vers de Voltaire :

> Enfant pour qui la nature
> Épuisa tous ses trésors, etc.

Elle manque évidemment de piquant, mais elle est incontestablement une des plus jolies parmi les jolies femmes du Musée de Saint-Quentin.

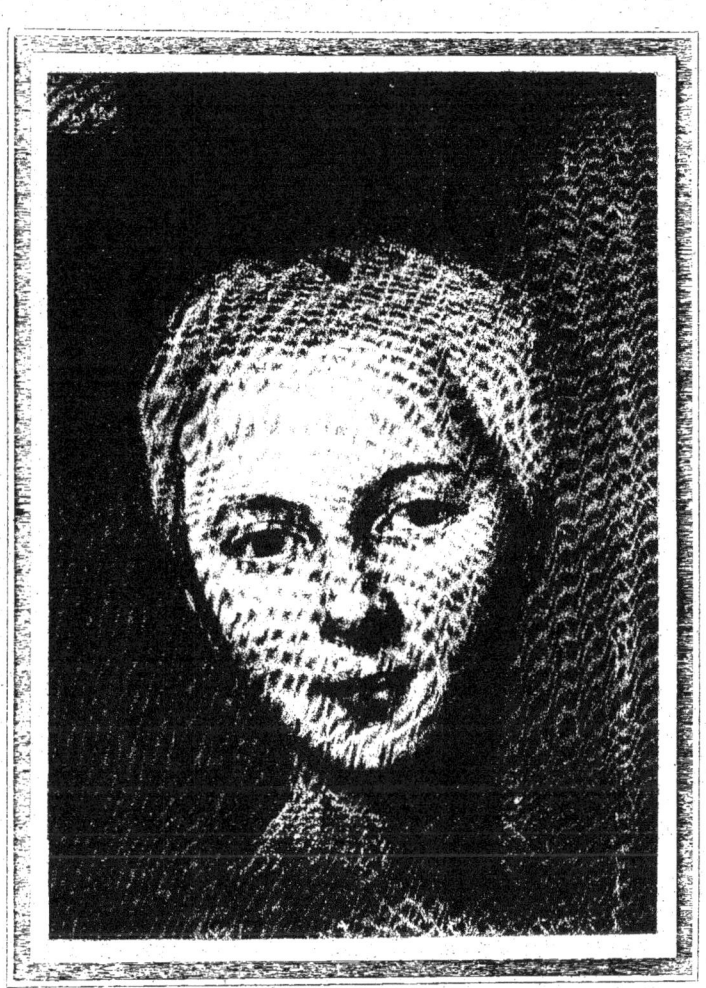

MUSÉE DE SAINT-QUENTIN   PASTELS DE LA TOUR
                                      N° 40

JEAN MONNET

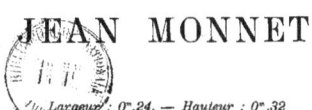

Largeur : 0*m*,24. — Hauteur : 0*m*,32

Préparation ou copie du portrait n° 10. — Voir ce numéro.

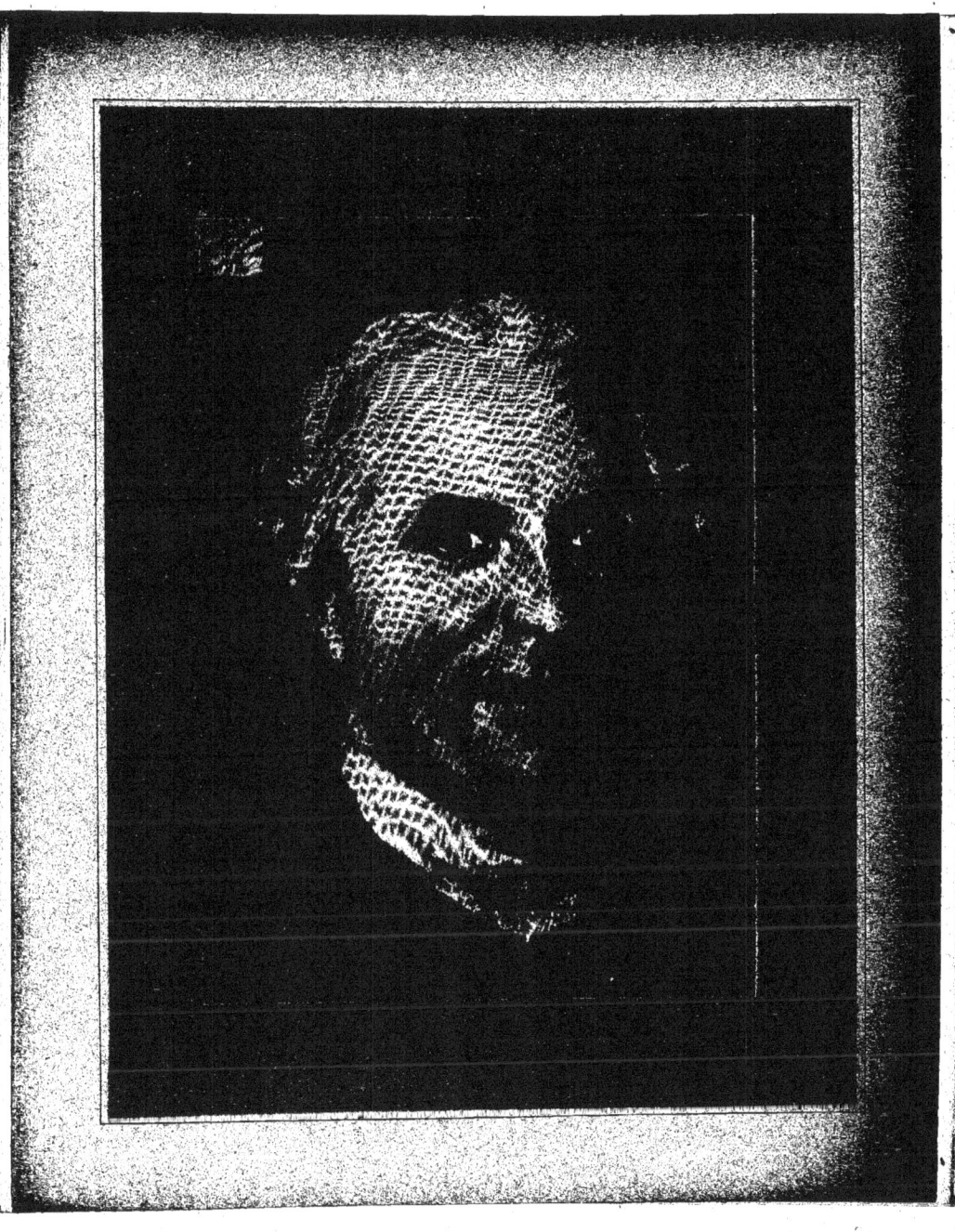

www.ingramcontent.com/pod-product-compliance
Lightning Source LLC
Chambersburg PA
CBHW050211230526
45470CB00001B/328